WERMUT

GESCHICHTE • HERSTELLUNG • MARKEN

INHALT

DER BITTERSÜSSE BAR-STAR

Wermut ist wunderbar! Eine Weile lang war es ruhig geworden um den verstärkten und aromatisierten Wein, der vor allem in der Belle Époque hoch geschätzt wurde und in den 1950er- und 1960er-Jahren die amerikanische Barkultur entscheidend bereicherte – doch jetzt schickt er sich umso fulminanter an, die Herzen der Aperitif- und Cocktailliebhaber aufs Neue zu erobern. Eine, wenn nicht die herausragende Qualität des Wermuts – oder Vermouth, wie er unter anderem in seiner italienischen und französischen Heimat heißt – liegt in seiner geschmacklichen Vielschichtigkeit, die sich aus den zahlreichen Variationsmöglichkeiten der Basiszutaten Wein, Branntwein, Kräuter und Aromen sowie Zucker ergibt. Kein Wunder also, dass er sich zum neuen Liebling der Szenebars aufgeschwungen hat: Der Trend nämlich geht von staubtrockenen, promilleschwangeren Cocktails hin zu leichtem Genuss mit nuancierten Geschmackserlebnissen. Gerade Cocktailklassikern wie Martini, Negroni und Co., die in den Bars der Welt heute wieder sehr gefragt sind, verleiht der versierte Barmixer mit dem einen oder eben auch anderen Wermut einen ganz eigenen Twist. Dazu passt, dass man sich wieder auf Mischungsverhältnisse besinnt, wie sie einst die Pioniere der US-amerikanischen Cocktailkultur im ausgehenden 19. Jahrhundert servierten. Ihnen nämlich galt der seinerzeit gerade in Mode kommende europäische Vermouth noch als willkommener und mengenmäßig zumindest gleichberechtigter Partner im Glas.

Doch Wermut schmeckt auch und vor allem pur. Dabei profitiert er davon, dass die Craft-Bewegung nach Gin und Co. den Wermut für sich entdeckt hat und mit Leidenschaft, Herzblut und exquisiten Zutaten raffinierte Kompositionen entwickelt, die einfach nur als Solist genossen werden wollen. Und nicht nur das: Wermut steht für Freude am Geschmack, Entspannung und ein südländisches Lebensgefühl, wie man es mit den traditionellen Wermutländern Italien, Frankreich und Spanien assoziiert.

trendige Wermutcocktails. Ein umfassender Porträtteil stellt 50 der berühmtesten und interessantesten, traditionsreichsten und außergewöhnlichsten Wermutmarken aus aller Welt vor: Erfahren Sie alles Wissenswerte über Klassiker wie Cinzano, Martini und Noilly Prat und entdecken Sie spannende neue Wermutmanufakturen. Lassen Sie sich von den vielseitigen Geschmackswelten des Wermuts faszinieren, kosten Sie Traditionelles

Dieses kompakte Handbuch erzählt die faszinierende Geschichte des bittersüßen Bar-Stars, erklärt seine Herstellung und präsentiert die besten Rezepte für klassische und und Experimentelles und nehmen Sie sich mit einer „hora del vermut" – wie man das Gläschen Wermut unter Freunden in Spanien nennt – Ihre Auszeit vom Alltag!

TRADITION TRIFFT TREND

Der Wermuttrend hat die USA und das Vereinigte Königreich schon längst erreicht, und er schickt sich an, Spanien aufs Neue zu erobern. Und auch in Deutschland erlebt der Aperitif-Klassiker ein spektakuläres Revival in den Szenebars – das beobachtet auch Thomas Schmidt, der gemeinsam mit seinem Bruder Peter den Onlineshop „Alles wird Wermut" betreibt. Ihn begeistern vor allem Wermutspezialitäten jenseits des Massenmarktes, wie man sie vor allem bei kleinen Herstellern, jungen Start-ups aus der Craft-Szene, aber auch in traditionsreichen Familienbetrieben findet, in Unternehmen also, die ein modernes, jedoch in der langen Geschichte des Wermuts verhaftetes Verständnis von ihrem Produkt haben. Die spürt er zum einen auf bisweilen abenteuerlichen Reisen zu den Produzenten vor Ort und zum anderen im Netz auf, wo Facebook, Instagram und Co. ergiebige Fundgruben für Wermutschätzchen und -raritäten sind.

Gerade die kleinen Produzenten setzen heute verstärkt auf handwerkliche Herstellungsmethoden und zwischenzeitlich in Vergessenheit geratene Qualitätsstandards – für Schmidt ein wichtiger Grund für die neue Popularität des zeitweilig eher schlecht beleumundeten Aperitifs. „Früher kam ja in der Produktion häufig der billigste Wein zum Einsatz, der dann mit viel Zucker und irgendwelchen Aromen verschnitten wurde, um ihn genießbar zu machen. Heute ist die Herangehensweise ganz anderes. Der eigentliche Produktionsprozess ist ja recht simpel, aber bei den Zutaten legt man mehr Wert auf Qualität denn je, gerade die kleinen Hersteller." Doch der Wermutexperte ist auch offen für die großen, bekannten Marken. „Die können einem durchaus das Tor zu den vielseitigen Geschmackswelten des Wermuts öffnen. Danach kann man sich dann ja weiter durch die Spezialitäten unbekannterer Produzenten probieren."

Dass der Wermut sich von seinem verstaubten, eher mäßigen Image lösen konnte, ist auch der neuen Aufgeschlossenheit der Bar- und Cocktailszene für leichtere Drinks geschuldet. Kam Wermut viele Jahre lang höchstenfalls in minimalen Dosen in den Shaker, wird er heute wegen seiner aromatischen Vielfalt bei vergleichsweise geringem Alkoholgehalt sehr geschätzt und gilt vielen Profis als gleichberechtigter Spirituosenpartner. Zudem verfügen viele Wermutspezialitäten über eine geschmackliche Komplexität, die der eines Cocktails nicht nachsteht, und bieten sich zum puren Genuss an. Den schätzt auch Schmidt besonders: „Wermut ist ja ein klassischer Aperitif, und wenn er gut gemacht ist, schmeckt er – zumindest mir persönlich – pur, auf Eis, mit etwas Zitronen- oder Orangenschale, am besten." Allen, die gerne auch mal mischen, rät er: „Weißer Wermut harmoniert sehr gut mit

Tonic Water und ein bisschen Rosmarin. Mir gefallen die simplen, unaufgeregten Mischungen am besten. Die Roten kann man auch mit etwas Campari oder Gin mixen, oder von mir aus auch noch ein bisschen Tonic. Es kommt ganz darauf an, in welche Richtung man gehen will." Ein bisschen Experimentierfreude

kann auf keinen Fall schaden: Erlaubt ist, was gefällt.

Eine besondere Schwäche hat Schmidt für spanischen Wermut, der

gegenwärtig seinen Siegeszug auch über die Landesgrenzen hinaus antritt und gegenüber der Konkurrenz aus den traditionellen Herkunftsländern Italien und Frankreich an Boden gewinnt. „Am spanischen Wermut gefällt mir, dass er – vor allem im Vergleich zu den häufig recht komplexen Italienern – eher unkompliziert ist." Dass er dazu meist noch ein bisschen günstiger ist, macht ihn für Einsteiger, die sich langsam an die Wermutspezialitäten dieser Welt herantrinken, besonders attraktiv. „Einen spanischen Wermut kann man in der Regel sehr gut pur auf Eis trinken. Oder mit Sodawasser aufspritzen, dann wird er im Prinzip getrunken wie eine Weinschorle." Doch dem Kenner gefällt nicht nur der spanische Wermut an sich, sondern auch das unangestrengte Lebensgefühl, das man auf der iberischen Halbinsel mit dem einst elitären Getränk verbindet. Nicht umsonst heißt es dort – vor allem in der Wermutregion Katalonien – „fer el vermut", wenn man sich entspannt mit Freunden und Verwandten auf ein Gläschen trifft.

Wermutwissen

WERMUTGESCHICHTE

Die Geburtsstunde des Wermuts, wie wir ihn heute kennen, lässt sich auf das Jahr 1786 datieren, als der Turiner Destillateur Antonio Benedetto Carpano begann, unter seinem Familiennamen einen mit Zucker gesüßten, aufgespriteten und mit Kräutern und Zimt aromatisierten Weißwein professionell zu produzieren und zu vertreiben. Die Wurzeln dieses seinerzeit besonders von der Damenwelt geschätzten Getränkes jedoch reichen deutlich weiter zurück.

Der bitter schmeckende Gemeine Wermut, der den Geschmack des nach ihm benannten berühmten Weinaperitifs traditionell auf charakteristische Weise prägt, blickt im Aromatisieren von Getränken auf eine jahrtausendelange Geschichte zurück.

Seit alters her ist der Wermut als Heilpflanze eines der wichtigsten Bitterkräuter, die zur Stärkung der Verdauung verwendet werden.

WERMUT IN CHINA …

Wie die Analyse organischer Substanzen in jungsteinzeitlichen Krügen aus China ergeben hat, waren die Chinesen bereits 7000 Jahre vor Beginn unserer Zeitrechnung in der Lage, auf der Basis von Reis, Honig und Obst weinähnliche alkoholische Getränke herzustellen. Erste schriftliche Zeugnisse der langen Gärtradition in Fernost entdeckte das Forscherteam um den Archäo-Chemiker Patrick McGovern vom Museum der Universität von Pennsylvania: Auf Orakelknochen aus der Zeit der Shang- und Westlichen Zhou-Dynastie (etwa 1250–1000 v. Chr.) werden drei mehr oder weniger alkoholische Getränke erwähnt, darunter auch eine Art Kräuterwein namens *chang*. Weiterhin fanden sie bei Grabungen im chinesischen Anyang luftdicht verschlossene Bronzegefäße, die 3000 bis 4000 Jahre alten fermentierten und gefilterten Reis- und Hirsewein enthielten, der mit Wermutkraut, Chrysanthemen und weiteren Pflanzen und Kräutern aromatisiert wurde.

Ganz ähnliche aromatisierte Weine werden übrigens noch heute in Vietnam („Ruou"), China („Zieu" oder „Chiew"), Korea und Japan („Shōchū") hergestellt. In früheren Zeiten diente der Gewürzwein wohl häufig als Grabbeigabe für reiche Chinesen, und im Diesseits verabreichte man ihn Menschen, die im Rauschzustand als lebende Medien Kontakt mit dem Totenreich aufnehmen sollten.

… UND ETWAS SPÄTER IN INDIEN

Auch den Indern war die wohltuende Wirkung aromatisierten Weines bereits in vorchristlichen Zeiten bekannt. Vermutlich aus der 1. Hälfte des letzten Jahrtausends v. Chr. stammt die als Atharvaveda bezeichnete heilige hinduistische Textsammlung, die vor allem Lieder und magische Sprüche für Heilrituale enthält und als ältestes Werk zur altindischen Heilkunst gilt. Darin finden sich unter anderem Rezepte zur Herstellung von Kräuterweinen aus Wermut, die bei einem Wurmbefall des Darms ebenso helfen sollten wie bei Anämie, Herzbeschwerden und Appetitlosigkeit. Außerdem galt Wermut als antibakteriell.

VON DER GRIECHISCHEN ANTIKE INS EUROPÄISCHE MITTELALTER

Auch der berühmte griechische Arzt Hippokrates soll bereits aus medizinischen Gründen Weißwein mit Wermut versetzt haben, allerdings dauerte es noch einmal rund vierhundert Jahre, bis der griechische Gelehrte Plinius der Ältere sich in seinem um 77 n. Chr. entstandenen naturkundlichen Opus magnum *Naturalis historia* schriftlich über die wohltuende Wirkung des Wermutkrautes ausließ und ein Rezept für den gerühmten Wein niederschrieb. Sein Landsmann Pedanios Dioskurides, seines Zeichens einer der bedeutendsten Pharmakologen des Altertums, verfasste im 1. Jahrhundert mit *De materia medica* ein Buch über Heilmittel, in dem er rund tausend Arzneien und fast 5000 Anwendungen in systematischer Gliederung

Das um 1390 in Oberitalien entstandene und heute in der Österreichischen Nationalbibliothek in Wien aufbewahrte „Hausbuch der Cerruti" bietet mit seinen 206 Miniaturen – zu denen auch diese Illustration des Wermutkrautes gehört – einen prächtigen Einblick in die die italienische Buchkunst des Spätmittelalters.

Hildegard von Bingen schreibt an ihrem Werk „Causae et curae" (Ursachen und Behandlung der Krankheiten), inspiriert von der Dreifaltigkeit: Jesus Christus, dem Heiligen Geist und Gottvater. Holzschnitt von 1524.

In der heilkundlichen Lehre der mittelalterlichen Mystikerin und Benediktiner-Äbtissin Hildegard von Bingen spielen das Wermutkraut und der daraus gebraute Trank eine zentrale Rolle. So schrieb sie in ihrer zwischen 1150 und 1160 entstandenen *Physica* über das bittere Kraut: „Der Wermut ist sehr warm und sehr kräftig und ist der wichtigste Meister gegen alle Erschöpfung. Trinke den Wermuttrank vom Mai bis zum Oktober jeden zweiten Tag nüchtern. Es beseitigt in dir die Nierenschwäche und die Melanche (Schwarzgalle) und klärt deine Augen und stärkt dein Herz und es lässt nicht zu, dass deine Lunge krank wird. Es wärmt den Magen (Darm) und reinigt die Eingeweide und bereitet eine gute Verdauung."

darstellte. Seine Arzneimittelkunde entging der kirchlichen Zensur beinahe 1500 Jahre lang und kursierte bis ins 16. Jahrhundert. So konnte das Werk im Mittelalter zahlreichen gelehrten Mönchen in Europas Klöstern als Grundlage für die Entwicklung eigener Rezepturen dienen – davon war auch der Wermutwein, den Dioskurides im 5. Band beschrieb, nicht ausgenommen.

Dass der Wermutwein und vor allem die entsprechenden Rezepturen ihren Weg in großem Stil aus den Klostermauern fanden, ist der Erfindung des Buchdrucks im 15. Jahrhundert zu verdanken, wurde es damit doch möglich, das bis dahin in den handschriftlichen Büchern der klösterlichen Bibliotheken aufbewahrte Wissen vielfach in die Welt hinauszutragen.

SÜSSER WEIN …

In dieser Zeit entdeckte man neben den gesundheitlichen Segnungen des Wermutweins auch dessen vergnügliche Seiten und versetzte Wein in allen Farben mit Zucker – sofern man es sich leisten konnte, sonst auch gerne mit Honig –, Gewürzen und Kräutern, filterte und trank das Ganze zum Aperitif, zum Digestif und auch sonst recht gerne. So ist bekannt, dass der Wermutwein auch dem großen Feldherrn Wallenstein schmeckte. Als nämlich 1630 während des Dreißigjährigen Krieges die deutschen Fürsten auf dem Regensburger Kurfürstentag von Kaiser Ferdinand II. die Absetzung des Oberbefehlshabers seiner Truppen erzwangen, hieß dieser den Landeshauptmann seines Herzogtums Friedland, Gerhard von Taxis, sein Anwesen in der Residenzstadt Gitschin (die heute Jičín heißt und in Tschechien liegt) für seine Rückkehr vorzubereiten. Neben Blumen für seine Frau orderte Wallenstein von seinem obersten Verwalter: „Lasst mir auch guten Wermuth-Most anmachen, der *dulce picante* ist, auf dass ich ihn kann desto ehender haben.“

… UND HYPOCRAS

Mehr und mehr Einzug in den Alltag hielt damals auch der Hypocras, ein im Mittelalter als Arznei gegen allerlei Beschwerden verabreichter Gewürzwein, der unter anderem auch als Hipocras oder Ypocras bekannt war. Diese Bezeichnung geht übrigens nicht, wie man vermuten könnte, auf den antiken Arzt Hippokrates zurück, sondern verdankt sich einem seinerzeit weit verbreiteten Utensil aus der Arzneimittelherstellung, der „Manica Hippocratis“. Dieser „Hippokrates-Ärmel“, so die

Herstellung und Verkostung von Hypocras, der im Mittelalter als sehr gesund galt

wörtliche Übersetzung, war ein Stoff- oder Filzsack, durch den der mit Gewürzen versetzte Wein so oft gefiltert wurde, bis er möglichst klar war. Dabei gab es allerdings nicht das eine Hypocras-Rezept, nach dem der Gewürzwein in ganz Europa bereitet wurde, sondern die Zutaten variierten mit dem, was die Natur je nach Jahreszeit und Region hergab. Bekannt sind auf Weiß- und Rotwein- sowie Cider-Basis hergestellte Varianten, außerdem Geschmacksrichtungen wie Erdbeer und Wermut. Geschmacklich waren diese Weinspezialitäten wohl dem, was wir heute als Glühwein oder Feuerzangenbowle zu uns nehmen, nicht ganz unähnlich. Getrunken wurden Gewürzweine und Hypocras übrigens vornehmlich in Adelskreisen, denn für die restliche Bevölkerung waren die Zutaten, namentlich die exotischen Gewürze und der Zucker, schlicht zu teuer.

In Basel und Umgebung kommt bis heute – vor allem im Winter – Hypocras ins Glas. Wer ihn bestellt, erhält einen gesüßten, mit Zimt, Nelken, Ingwer, Koriander, Muskatnuss und Kardamom gewürzten, kalten oder leicht temperierten Rotwein. Dazu werden, besonders rund um die Jahreswende, Basler Leckerli oder andere Süßigkeiten kredenzt.

VOM GEWÜRZWEIN ZUM WERMUT

An aromatisiertem Wein erfreute sich die Welt also nachweislich bereits im Mittelalter, doch zu dem, was man heute als Wermut oder Vermouth kennt, fehlte mit dem sogenannten Aufspriten noch ein wichtiger Schritt. Unter diesem Vorgang versteht man die Zugabe von hochprozentigem, geschmacksneutralem Alkohol – in der Regel Weinbrand – zum Wein vor oder während der Gärung. Durch diese Behandlung stirbt die Weinhefe ab, und der Gärungsprozess kommt zum Erliegen. So erhält man Weine mit erhöhtem Alkoholgehalt und erheblicher Restsüße von stabiler Qualität. Erfunden wurde dieses Konservierungsverfahren in den südeuropäischen Weinbauländern, wo die Trauben aufgrund des warmen Klimas im Allgemeinen einen hohen Zuckeranteil haben. Bei der Verarbeitung des entsprechend süßen Mostes kann es dann bei hohen Temperaturen zu einem unkontrollierten Ein- und Aussetzen der Gärung kommen, was schlimmstenfalls zu einem unerwünschten Essigstich führt. Bekannte gespritete Weine sind zum Beispiel Sherry, Portwein und Marsala.

Der Wegbereiter:
Arnaldus de Villanova

Die Erkenntnis, dass der Gärprozess des Weines durch die Beigabe von Hochprozentigem gestoppt werden kann, ist dem mittelalterlichen katalanischen Gelehrten Arnaldus de Villanova zu verdanken, der zu den bedeutendsten und einflussreichsten Ärzten seiner Zeit gehörte und den medizinischen und geschmacklichen Eigenschaften des Weines mit seinem um 1310 entstandenen Buch *Liber de vinis* ein eigenständiges Werk widmete, das auch Ratschläge zur Weinbereitung enthält.

Ende des 13. Jahrhunderts hatte er auf Grundlage arabischer Rezepte mit der Destillation von Alkohol zu experimentieren begonnen, und es war ihm schließlich gelungen, aus Wein einen Brand herzustellen, den

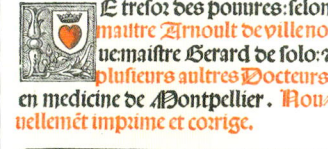

Titelseite einer 1527 in Lyon herausgegebenen Sammlung mit Werken von Arnaldus de Villanova, der als Erfinder der natursüßen und mit Alkohol verstärkten Weinen gilt

er als Aqua Vine („Weinwasser") oder Aqua Vitae („Lebenswasser") bezeichnete. Bei seinen Versuchen entdeckte er außerdem, dass Alkohol die Gärung stoppt und damit Restzucker im Wein erhalten bleibt – die Geburtsstunde der natursüßen Weine, die sich schon im Mittelalter großer Beliebtheit erfreuten.

Offen für Innovationen – die Renaissance

Dass eines Tages Weingeist und Gewürzwein zusammenfanden, ist dem Forschergeist des Piemonteser Alchemisten Girolamo Ruscelli zu verdanken. Der nämlich veröffentlichte 1555 unter seinem Pseudonym Alessio di Piemonte das Werk *I Secreti del reverendo donno Alessio Piemontese* (Die Geheimnisse des Alessio di Piemonte), das sich zu einem echten Bestseller entwickeln sollte und bereits nach zehn Jahren ins Französische übersetzt wurde. Darin fanden sich auch diverse Rezepte für den erwähnten Hypocras, darunter Zubereitungen mit Branntwein. Von dort war es nicht mehr weit bis zum Wermut. Der Piemonteser Gelehrte verfügte auch über einen ausgezeichneten Geschäftssinn und begann in Florenz, seinerzeit einer der wichtigsten europäischen Umschlagplätze für Gewürze, aromatisierte Weine zu verkaufen – und das mit einigem Erfolg. Und wie immer, wenn jemand Erfolg hat, waren Nachahmer nicht weit. Vor allem in der Gegend um die Hafenstadt Genua, die damals zum Herrschaftsbereich des Herzogs von Savoyen gehörte, zeigte man sich dem neuen Trend aufgeschlossen.

Die Entscheidung des in dieser Zeit herrschenden Herzogs von Savoyen, Emanuel Philibert, die Hauptstadt von Savoyen 1563 von Chambéry nach Turin zu verlegen, trug wohl maßgeblich zur Erfindung des Wermuts, wie wir ihn heute kennen, bei: Das reiche Turiner Bürgertum war allem Exotischen ausgesprochen aufgeschlossen, und dazu zählten auch die aromatisierten, aufgespriteten Weine, wie Alessio di Piemonte und seine zahlreichen Nachahmer sie produzierten. Dabei war deren Herstellung in der Folgezeit wohl in erster Linie eine Familienangelegenheit, und die Rezepte wurden streng gehütet. Allerdings darf man vermuten, dass es an geschmacklicher Vielfalt und Erfindungsreichtum nicht mangelte: Die Savoyardischen Alpen boten ein wahres Füllhorn an aromatischen Pflanzen, die bei den zahlreichen Kräuterhändlern in der Stadt problemlos zu erwerben waren, und exotische Gewürze gab es im nicht allzu fernen Genua ebenfalls reichlich. Passende Rebsorten für die Produktion der beliebten Gewürzwei-

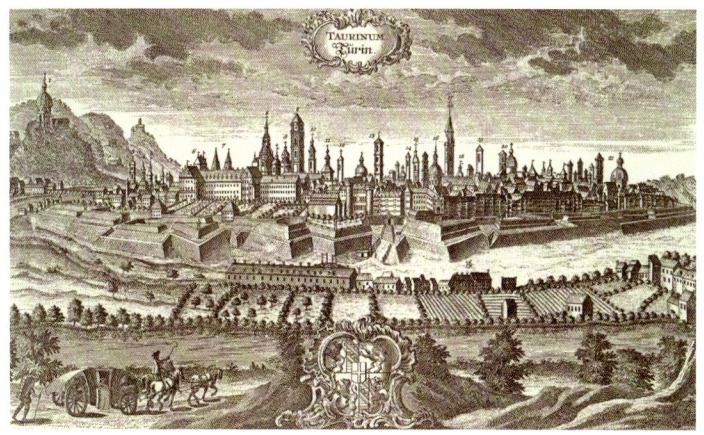

Ansicht von Turin aus der Hand des deutschen Kupferstechers Johann Georg Ringlin (1691 bis 1761), entstanden um 1740 nach einer Zeichnung von Friedrich Bernhard Werner (1690–1778)

ne gediehen mit Muskateller, Trebbiano und Malvasia prächtig in den sonnenbeschienenen Weinbergen des Herzogtums.

Zur Kommerzialisierung der Produktion trug wohl vor allem die blühende Café-Kultur der reichen Stadt in Italiens Nordwesten bei: Die Cafés der Innenstadt, die mit Terrassen unter den für die Turiner Architektur typischen Arkadengängen lockten, entwickelten sich im Laufe der Zeit zu beliebten Treffpunkten für jeder-

mann vom einfachen Arbeiter bis zum Adeligen. Man diskutierte dort zum Aperitif, der traditionell zur „blauen Stunde" eingenommen wurde, kaum andere Themen als heute: das tagespolitische Geschehen, Kunst, Literatur und Gesellschaft. Und in diesen Cafés wurden im 18. Jahrhundert auch zunehmend hausgemachte Gewürzweine gereicht – und vom Publikum bald hoch geschätzt. Und was in Turin Mode war, war auch für den Rest des Herzogtums Savoyen tonangebend.

AUFTRITT ANTONIO BENEDETTO CARPANO

Eine neuerliche Wendung nahm die Geschichte des Wermuts Mitte der 1780er-Jahre, als ein junger Mann namens Antonio Benedetto Carpano nach seinem Studium der Natur- und Agrarwissenschaften beschloss, sein Heimatdorf Bioglio Biellese zu verlassen, um im rund 70 Kilometer südwestlich gelegenen Turin sein Glück zu versuchen. Sein Weg führte ihn in die Weinhandlung eines gewissen Signor Marendazzo auf der Piazza della Fiera, die heute Piazza della Castello heißt und mit dem angrenzenden Palazzo Reale, dem Sitz der Herzöge von Savoyen, seinerzeit Machtzentrum des Herzogtums war. Dort trat Carpano 1786 seinen Dienst als „Assistent der Geschäftsleitung" an und begann, Liköre nach Rezepten aus piemontesischen Klöstern herzustellen, um

der weiblichen Kundschaft eine süße Alternative zu den eher herben Rotweinen der Region bieten zu können. Auf diesem Wege entstand ein Gewürzwein, der sich deutlich von den seinerzeit gängigen Formeln unterschied. Denn ihren unverwechselbaren Geschmack erhielt die Basis aus süßem, blumigem Moscato (oder Muskateller) von einer Mischung aus 30 unterschiedlichen Gewürzen, Pflanzen und Rinden, während man üblicherweise kaum mehr als eine Handvoll Aromen im Basiswein mazerierte.

Herzogliche Weihen für den Wermut

Carpano konnte seinen Chef Marendazzo davon überzeugen, seinen Gewürzwein ins Sortiment aufzunehmen. Und die Klientel zeigte sich durchaus aufgeschlossen, der benachbarte herzogliche Haushalt nicht minder: Der nämlich hatte bei

Marendazzo stets eine Jahresration des auf den berühmten mittelalterlichen Arzt Michele Savonarola zurückgehenden Rosolio-Likörs bestellt – bis man Herzog Viktor Amadeus III. von Savoyen einen Korb von Carpanos Wermutwein zukommen ließ, der ihm so gut schmeckte, dass er fortan nur noch Wermut wollte. Möglicherweise ist es auch dem Herzog zu verdanken, dass Carpano eine deutsche Bezeichnung für seinen aromatisierten Wein wählte und ihn Wermut nannte, um die Nähe des Herzogtums zum Heiligen Römischen Reich Deutscher Nation – und entsprechend seinen Abstand zum verfeindeten französischen Nachbarn – zu betonen. Es gibt allerdings auch Mutmaßungen darüber, dass Carpanos Verehrung für den deutschen Dichterfürsten Johann Wolfgang von Goethe der Grund für die Namenswahl war. Wie dem auch sei: Dass dem Herzog der Wermut offensichtlich schmeckte, war natürlich beste Werbung für das Produkt. Angesichts der großen Nachfrage nach seinem Wermut wurde Marendazzos Weinhandlung in ein Café umgewandelt, das sein erfolgreiches Hausgetränk Tag und Nacht servierte und bald zu einem der beliebtesten Treffpunkte der Stadt avancierte.

CARPANO ANTICA FORMULA VERMOUTH bezieht sich auf das Originalregept von Antonio Benedetto Carpano aus dem Jahre 1786, der als Erfinder des Wermuts gilt.

In einem Durchgang zwischen der Piazza Castello und der Galleria Subalpina gelegen, ist das Anfang des 20. Jahrhunderts eröffnete und kostbar im Jugendstil ausgestattete Caffè Mulassano bis heute ein klassischer Ort, um in Turin einen Wermut zu genießen.

Man mag darüber spekulieren, ob nicht schon vor Carpanos Zeiten einmal ein mit Wermut aromatisierter Aperitifwein hergestellt wurde, der es mit Qualität und geschmacklicher Vielfalt des Carpano-Wermuts aufnehmen konnte – denkbar ist das angesichts der traditionellen heimischen Produktion von Gewürzweinen in Savoyen sicherlich. Doch ein Verdienst geht ganz sicher auf Carpanos Konto: Er war der Erste, der seinen aromatisierten Wein in großem Stil kommerzialisieren konnte und damit eine Vorreiterfunktion übernahm.

INDUSTRIALISIERUNG DER WERMUTHERSTELLUNG

So entstanden in der Folgezeit diverse, zum Teil heute noch weltbekannte Wermutmarken. Den ersten Cinzano konnte man 1815 kaufen, nach der Gründung von Martini Sola e Cia 1863 ist Martini & Rossi seit 1879 eine feste Größe in der Wermutwelt. Richtig in Fahrt kamen die Geschäfte durch die Industrialisierung, die es möglich machte, der steigenden Nachfrage in In- und Ausland, insbesondere aus den Vereinigten Staaten, gerecht zu werden. Exemplarisch für

diese Entwicklung ist wohl die Wermutfabrik, die die Marke Cinzano um die Jahrhundertwende in der Weinbauregion Santa Vittoria d'Alba auf einem ehemals königlichen An-

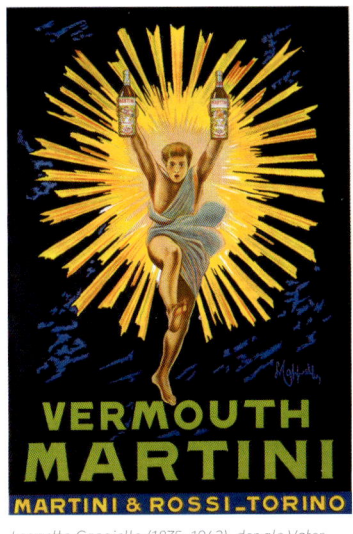

Leonetto Cappiello (1875–1942), der als Vater des modernen Plakatdesigns gilt, entwarf 1920 dieses Werbeplakat für Martini & Rossi.

wesen errichtete. Auf dem 36 Quadratkilometer großen Gelände befanden sich nach Angaben eines Journalisten, der 1906 über die Produktionsstätte berichtete, 750 Tanks, in denen insgesamt 12 Millionen Liter Wein gelagert werden konnten, außerdem verfügte das Unternehmen über eine der modernsten Abfüllanlagen seiner Zeit. Und während der Weinlese wurden dort Tag für Tag 250.000 Kilogramm Trauben verarbeitet. Mit den winzigen Betrieben, die zu Carpanos Zeiten ihren Wermut herstellten, hatte das natürlich nichts mehr zu tun.

Seine geschützte Herkunftsbezeichnung verdankt der Vermouth di Torino letztlich der Industrialisierung, denn mit seiner massenhaften Herstellung wuchs auch seine Popularität im beginnenden 20. Jahrhundert, und immer häufiger berichtete man in der Presse über die verschiedenen Hersteller, diskutierte, was eigentlich einen authentischen Vermouth di Torino ausmache, und 1907 widmete sich ein erstes Buch dieser wichtigen Frage. Heute sichert der DOC-Status für den Vermouth di Torino, dass die Wermuts der Region ihrem Stil treu bleiben und aus lokalen Zutaten hergestellt werden. Grundsätzlich lässt sich sagen, dass der Turiner Wermutstil prägend für den italienischen Wermutstil insgesamt werden sollte.

DER FRANZÖSISCHE WEG

Während Wermut in Italien schon im beginnenden 19. Jahrhundert in der Café-Kultur etabliert war und auch im Weinhandel eine feste Größe bildete, sah es damals in Frankreich noch ganz anders aus. Sieht man einmal von den seinerzeit zum Herzogtum Savoyen gehörenden französischen Regionen ab, war der aromatisierte Aperitifwein dort zwar nicht gänzlich unbekannt, spielte jedoch im Alltag kaum eine Rolle. Dass dies sich änderte, ist dem Likör- und Absinth-Hersteller Joseph Noilly aus Lyon zu verdanken. Der nämlich hatte eine Schwäche für die seinerzeit eher schlecht beleumundeten Weine aus der Camargue sowie der Region Languedoc-Roussillon. Ebenso war ihm der große Erfolg der in Savoyen produzierten Wermutweine zu Ohren gekommen, und er beschloss, sein eigenes Wermutrezept zu entwickeln. Also ließ er seine Lieblingsweine Clairette und Picpoul de Pinet über den Canal du Midi in das kleine Städtchen Marseillan im Hérault bringen und begann zu tüfteln. 1813 war es dann so weit. Er hatte die perfekte Rezeptur gefunden, wie auch

Das Haus Dolin, das 1815 im savoyardischen Les Échelles gegründet wurde und 1830 nach Chambéry übersiedelte, gilt als Erfinder des „Vermouth de Chambéry", der 1932 die bis heute einzige geschützte Herkunftsbezeichnung (AOC) für Wermut in ganz Frankreich erhielt.

der Zuspruch seines Umfeldes ahnen ließ. Ende der 1820er-Jahre übernahm sein Sohn Louis das Unternehmen und begann schon bald, seine Erzeugnisse ins Ausland zu exportieren. 1843 trat sein Schwager Claudius Prat ins Unternehmen ein, das seitdem Noilly Prat heißt, und der Verkauf des inzwischen ungemein begehrten Wermuts nach Übersee begann – der Rest ist (Erfolgs-) Geschichte.

Anders als beim Noilly Prat, der sich mehr oder weniger unabhängig von der Turiner Wermuttradition entwickelte, ist die Geschichte des Vermouth de Chambéry, der neben dem Vermouth di Torino bis dato der einzige Wermut mit geschützter Herkunftsbezeichnung ist, eng mit der seines italienischen Pendants verknüpft – was nicht verwundert, wenn man bedenkt, dass beide Städte einst zum Königreich Savoyen-Piemont gehörten und nur 150 Kilometer voneinander entfernt sind. Als Begründer dieser Wermutlinie gilt der Dolin Dry, dessen durch die Turiner Wermuts inspiriertes Rezept zu Beginn des 19. Jahrhunderts von einem Savoyarden namens Joseph Chavasse entwickelt wurde. Die kommerzielle Vermarktung allerdings setzte erst in den 1840er-Jahren ein. Im Gegensatz zu den meist roten Turiner Aperitifweinen assoziiert man mit den Vermouths de Chambéry im Besonderen und mit den französischen Wermuts im Allgemeinen weiße, trockene Wermuts. Außerdem gelten die Franzosen, namentlich die Maison Dolin, als Erfinder des eher süßen weißen Wermuts.

SPANIENS WERMUTKULTUR

Doch nicht nur Italien mit seinen roten, eher süßen und schweren Wermuts und Frankreich mit den krisperen, trockeneren Vertretern des Genres haben eine Wermuttradition: Auch in Spanien hat der Weinaperitif eine – wenn auch verzögerte – Geschichte. In den Fokus der internationalen oder zumindest europäischen Gemeinde der Wermuttrinker sind die spanischen Wermuts allerdings erst mit dem aktuellen Wermuttrend gelangt.

Zögerliche Anfänge
Nach der Entdeckung Amerikas und den folgenden Eroberungen in Südamerika gab es in Spanien zwar schon im 16. Jahrhundert allerlei exotische Gewürze, doch die verwendete man vor allem, um sich den ebenfalls aus Südamerika kommenden Kakao schmackhaft zu machen. Anders als in nördlichen Teilen Europas hatte die Herstellung von Wermutwein auf der iberischen Halbinsel keine nennenswerte Tradition, und die Kunde von dem neuen Modegetränk aus Italien gelangte nur langsam über Südfrankreich und die Pyrenäen nach Spanien. Es ist zwar davon auszugehen, dass per Schiff bereits in der ersten Hälfte des 19. Jahrhunderts Wermut in Spanien ankam und insbesondere bei der städtischen Bevölkerung bekannt war. Doch wann die kommerzielle Wermutproduktion in Spanien einsetzte, lässt sich nicht eindeutig ermitteln. Die Marke Perucchi aus

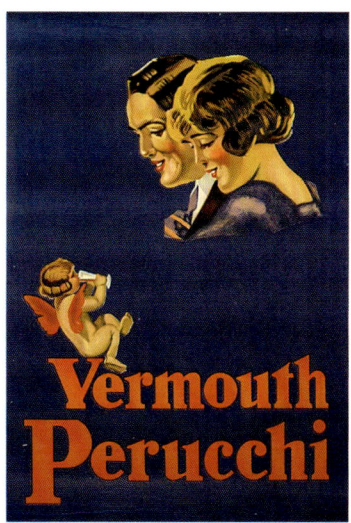

Die 1886 auf den Markt gekommene Marke Perucchi aus Barcelona reklamiert für sich, erster Wermuthersteller in Spanien gewesen zu sein.

Barcelona, die 1886 in das Wermutgeschäft einstieg, reklamiert für sich, erster Wermutproduzent in Spanien gewesen zu sein. Enrique Yzaguirre, seines Zeichens Gründer der gleichnamigen spanischen Traditionsmarke und selbst übrigens gar kein Spanier, sondern aus dem französischen Teil des Baskenlandes gebürtig, ließ sich mit seinem Unternehmen 1884 im katalanischen Reus nieder, während die Marke erst 1892 registriert wurde.

Politische Hindernisse

Die Gründe für die vergleichsweise späte Verbreitung des Wermuts auf der iberischen Halbinsel sehen Fachleute vor allem in der instabilen politischen Situation im 19. Jahrhundert. Vom Ende des Unabhängigkeitskriegs, mit dem Spanien sich 1813 von der napoleonischen Besatzung befreite, bis zur Restauration der Bourbonen-Monarchie 1874 durchlebte das Land vielerlei Krisen, wurde mal absolutistisch, mal liberal regiert, auf Revolutionen folgten Konterrevolutionen, die Jahrzehnte während Carlistenkriege forderten Zehntausende von Opfern, und Spanien wurde kurzzeitig zur Republik. Außerdem schüttelte ab 1873 eine erste internationale Wirtschaftskrise Europa. Nicht eben günstige Bedingungen also für Einführung und Verbreitung eines neuen Modegetränks – man hatte schlicht Wichtigeres zu tun.

Die protektionistische Politik der spanischen Konservativen in den 1890er-Jahren, die vielfach als Modernisierungsbremse wirkte, sollte sich allerdings als segensreich für die Etablierung einer heimischen Wermutindustrie erweisen: Denn Auslandsgüter waren aufgrund hoher Zölle rar, und es gab einige Wirtschaftszweige, die sich mit mehr oder weniger Erfolg in der Nachahmung europäischer Produkte versuchten – und zu Ersteren gehörte die Wermutbranche.

Als wichtigstes Zentrum der spanischen Wermutproduktion etablierte sich Ende des 19. Jahrhunderts die Stadt Reus im Süden Kataloniens – was kein Zufall war. In Reus wurde vor allem Wein angebaut, und man schätzte die Weinbrände aus der Stadt in den Niederlanden ebenso wie in Großbritannien. Die Wirt-

Blick auf die südkatalonische Stadt Reus, die lange Jahre wichtigstes Zentrum der spanischen Wermutproduktion war

schaft florierte und den Bürgern der Stadt ging es gut. Dieses günstige Geschäftsklima lockte Unternehmer aus Spanien und dem Ausland in die Stadt, darunter etwa auch Wermutproduzenten wie Boulé und Yzaguirre, die dort mit Wein und Weinbrand zwei wichtige Rohstoffe für ihr Produkt vorfanden. Kräuter und Gewürze, die nicht in der Region heimisch waren, ließen sich leicht über den Hafen Salou beziehen. Zu Beginn des 20. Jahrhunderts gab es in Reus rund ein Dutzend Wermuthersteller, deren Weine vor allem in der spanischen Hauptstadt getrunken wurden – und bis heute sind die Wermuts aus Reus nirgends so gefragt wie in Madrid. Dennoch gab es 2015 in Reus nur noch drei Produzenten, darunter nach wie vor der Traditionshersteller Yzaguirre, der in dem kleinen Dorf El Morell wenige Kilometer von Reus entfernt angesiedelt ist. Die jüngste der drei Marken ist Miró, die nach ihrer Gründung 1914 in Cornudella de Montsant 1957 unter der Leitung von Emilio Miró Salvat nach Reus übersiedelte. Dazu kommt noch das Unternehmen De Muller mit elsässischen Wurzeln.

Avantgardistische Weihen

Doch ungeachtet der protektionistischen Politik der spanischen Konservativen Ende des 19. Jahrhunderts kannte man Wermut in Spanien damals in erster Linie als Importprodukt – was vor allem den zahlreichen italienischen Einwanderern in Barcelona zu verdanken war, die den Handel zwischen alter und neuer Heimat in Gang zu bringen versuchten. So eröffnete Martini & Rossi schon 1893 eine Niederlassung in Barcelona, die an Größe nur von den Filialen in Buenos Aires und Genf übertroffen wurde.

Geschichte machte in diesem Kontext der Kaufmann Flaminio Mezzalama, seines Zeichens Vertriebsleiter von Martini & Rossi in Spanien, als er 1902 an einer der privilegiertesten Straßenecken des Stadtbezirks Eixample in Barcelona das Café Torino eröffnete, an dessen Gestaltung das Who is Who aus Kunst und Architektur jener Zeit beteiligt war, zu nennen sind etwa die Architekten Josep Puig i Cadafalch und Pere Falqués i Urpí, der Bildhauer Eusebi Arnau i Mascort und nicht zuletzt der große Antoni Gaudí, der die Ausstattung für einen arabischen Salon ausführte und die Motive der Holzlehnen sowie die Kacheln an den Wänden und an der Decke entwarf.

Dieses Café, das in seiner Ausstattung die Moderne verkörperte wie seinerzeit kein anderes in Barcelona und sonst in Spanien, wurde zum Flaggschiff von Martini & Rossi in der katalanischen Hauptstadt. Hier gaben sich vor allem Intellektuelle, Künstler, Touristen und bildungsbeflissenes Bürgertum die Klinke in die Hand – und machten Wermut zu *dem* Getränk der in Richtung Zukunft weisenden Moderne. Wer etwas auf sich hielt, trank Wermut zum Aperitif, und das mittags und abends. So dauerte es nicht lange, bis die gerade aufkommenden Kinos ihre Matineen und Vorabendvorstellungen als „sésion vermut" – Wermutvorstellungen – zu bezeichnen begannen, und diesem ersten Wermutboom ist es zu verdanken, dass man in Spanien heute noch von der „hora del vermut", der Wermutstunde, spricht, wenn es um den Aperitif vor dem Essen geht – auch wenn man nicht zwangsläufig Wermut trinkt.

Prachtvolles Aushängeschild von Martini & Rossi in Barcelona war die 1902 eröffnete Bar Torino: Das von bedeutenden Vertretern der katalanischen Bewegung des Modernisme wie Antoni Gaudí und Josep Puig i Cadafalch gestaltete Café war zu Beginn des 20. Jahrhunderts der bevorzugte Treffpunkt von Intellektuellen, Künstlern und des Bürgertums der Stadt.

Martini & Rossi war nicht die einzige Marke, die sich um die Jahrhundertwende in Spanien zu etablieren versuchte. 1900 ließ sich auch der große Konkurrent Cinzano in Barcelona nieder und errichtete sogar eine Fabrik in Vilafranca del Penedès unweit der Stadt, und die beiden Unternehmen lieferten sich einen Wettstreit um die Gunst der Spanier, mit dem auch die im Land produzierten Wermuts immer bekannter wurden.

Populäre Freuden

In den wilden Zwanzigern wurde der zunächst vor allem von Bürgertum und Künstlerschaft geschätzte Aperitif auch in den weniger begüterten Schichten immer häufiger getrunken. Das mag zum einen am trotz aller politischer Instabilität einsetzenden wirtschaftlichen Aufschwung gelegen haben, mit dem auch der „kleine Mann" sich dann und wann einen Wermut genehmigen konnte. Zum anderen, so mutmaßen Fachleute, trug auch die Begeisterung der weiblichen Bevölkerung für den Aperitifwein zu seiner Verbreitung bei. Für sie war die „hora del aperitivo" unmittelbar nach dem sonntäglichen Kirchgang im konservativen Spanien eine der wenigen Möglichkeiten, ihr Heim zu vergnüglichen Zwecken zu verlassen und die sonst mehr oder weniger Männern vorbehaltenen Bars zu besuchen – und zum Getränk ihrer Wahl avancierte bald der angenehm süße, süffige Wermut.

In einer Bar im Stadtviertel La Latina im Herzen der Innenstadt von Madrid treffen sich Stammkunden zu einem Glas Wermut.

In den 1950er-Jahren hatte der Wermut seinen Status als Kultgetränk der Moderne vollends verloren und stattdessen die Herzen der „kleinen" Leute erobert. Damit etablierte er sich in der Alltagskultur und wurde dort so heimisch, dass manch einer seine italienischen Ursprünge beinahe vergaß. Dabei war der spanische Wermut in den Anfangszeiten kaum mehr als eine Imitation des italienischen Wermutweins, ohne einen eigenen Stil zu haben. Der entwickelte sich erst im Laufe der Jahrzehnte, und heute bilden die spanischen „Vermuts" eine eigene Kategorie des Wermutgenres mit ganz spezifischen Eigenschaften. Während die italienischen Wermuts sich vor allem durch ihre Komplexität, ihren vollen Körper, ihre Bitternoten und ihre Gewürzaromen auszeichnen und meist ausgezeichnete Cocktailpartner sind, gelten die Spanier als geradliniger und sind trotz gleichen Zuckergehalts häufig süßer und weniger intensiv. Kenner bevorzugen sie pur und gut gekühlt. Wer es ein bisschen weniger süß liebt, ohne die Bitternote schmälern zu wollen, gibt noch einige Spritzer Sodawasser zu.

DER SPRUNG IN DIE NEUE WELT

Während der Wermutwein in Europa und Asien wie dargestellt eine jahrtausendealte Tradition hat, ist über die Herstellung eines vergleichbaren Getränks auf dem amerikanischen Kontinent vor der Vereinnahmung durch die europäischen Eroberer nichts bekannt. Dennoch konnte es der Aperitifwein dort schon bald nach seiner kommerziellen Einführung aus Europa im 19. Jahrhundert zu bemerkenswerter Popularität bringen.

Mutmaßlich war der erste europäische Wermut um die 1830er-Jahre in Nordamerika zu haben, das jedoch nur vereinzelt und in äußerst geringen Mengen. Es sollte noch mindestens 20 Jahre dauern, bis eine etwas breitere Öffentlichkeit Zugang zu dem damals in Europa schon äußerst populären Getränk fand. Als Wiege der US-amerikanischen Wermutkultur gilt New York City, das als bedeutendste Hafenstadt des Landes Mitte der 1850er-Jahre Auffangbecken für die großen Einwanderungswellen aus Europa und zum berühmten *melting pot* der Nationen wurde. Dort fand 1853 mit der „Exhibition of the Industry of all Nations" die erste Weltausstellung auf amerikanischem Boden statt – und dort waren unter anderem auch vier europäische Wermuthersteller vertreten, darunter das Traditionsunternehmen Carpano. Eine nennenswerte Wirkung auf die Trinkkultur der Stadt hatte dieser Auftritt allerdings noch nicht.

Wandel der Trinkkultur

Eine erste signifikante Veränderung der Trinkgewohnheiten der New Yorker ließ sich während der Zeit des Amerikanischen Bürgerkriegs in den 1860er-Jahren beobachten. Neben der kleinen Schicht der Superreichen, die im Wesentlichen aus Bankern und Industriellen bestand, und dem bitterarmen Proletariat formierte sich seinerzeit auch das mittelständische Bürgertum, das nach dem Vorbild der vornehmen Gesellschaft nach Zerstreuung außerhalb der eigenen vier Wände suchte. So erlebte mit dem *concert saloon* die New Yorker

„Plötzlich schwappt ein köstlicher kontinentaler Brauch über Amerika!" – So verführte Martini & Rossi 1958 die Amerikaner zum Wermut.

Suddenly a delightful Continental Custom  *is sweeping America!*

It's vermouth as a *straight drink* ... and men and women who instinctively choose the finer things reach for Martini & Rossi— *the finest vermouth in the world.*

Whether they champion tall drinks, whether they're sippers or ice swirlers, Martini & Rossi vermouth offers something for each of them— as a delightful dry aperitif or a sweet drink to follow dinner.*

Chilled ... with soda ... or "on the rocks", *the quality of Martini & Rossi is most apparent.* Alone in the glass, it reveals the subtleties of expert blending—the combining of vintage wine with the infusion of more than 30 varieties of herbs—all in strict accordance with a secret formula, unchanged and unsurpassed for generations. • *Renfield Importers, Ltd., N. Y.*

*ONE MUST NOT FORGET VERMOUTH'S CLASSIC ROLE IN MARTINI AND MANHATTAN COCKTAILS.

MARTINI & ROSSI

IMPORTED VERMOUTH
SWEET OR EXTRA DRY

Variante der Music Hall in der zweiten Hälfte des 19. Jahrhunderts eine Blütezeit, und wer dort einkehrte, fand eine zeitgenössische Variante aus Sex, Drugs & Rock 'n' Roll: Ersteren boten die Serviererinnen, Drogen gab es in Form von Alkohol, für Unterhaltung sorgte ein meist recht eklektisches Vaudeville-Programm. Und hier hoffte das Bürgertum auch in Sachen Alkohol auf Inspiration jenseits von Bier und Whisky.

Eine Vielzahl der Concert Saloons befand sich damals am Broadway, und entsprechend nannte man die Barmixer, die die vergnügungswillige Mittelschicht mit modernen Drinks zu gewinnen suchten, „Broadway Bartenders". Diese Bartender waren die Urväter der Cocktailkultur, und der Erfolg ihrer Kreationen trug maßgeblich zur Verbreitung der Mixgetränke bei. In diesem Kontext eroberte der Wermut schließlich die Gaumen der Neuen Welt, und das sowohl als „Solo-Getränk" als auch – und vor allem – als Cocktailzutat. Bekanntester Vertreter der neuen Zunft der Bartender war Jerry Thomas, der mit seinem Buch „The Bar-Tender's Guide and Bon Vivant's Companion," erschienen auch unter dem Titel „How to Mix Drinks, or The Bon Vivant's Companion", 1862 das erste – und überaus erfolgreiche – Werk über Mixgetränke überhaupt

Ob rot und süß im Manhattan ...

verfasste. Darin befanden sich unter anderem auch rund 20 Rezepte für den bereits erwähnten Hypocras, den er allerdings noch ausschließlich zum puren Verzehr empfahl. Thomas brachte sein Werk im Laufe der Jahre immer wieder auf den neuesten Stand und erweiterte es um neue Cocktailrezepte. So waren im Nachdruck von 1887 fünf Wermutcocktails enthalten, darunter Martinez (der vielen als Vorläufer des bis heute geschätzten Marti-

nis gilt) und Manhattan. Andere Autoren listeten zu der Zeit bereits mehrere Dutzend Mixgetränke mit Wermutbeteiligung in ihren Cocktailbüchern.

... oder weiß und trocken im Martini – Wermut hat die Geschichte der Cocktailkultur mitgeschrieben.

Neue Drinks – bewährter Wermut
Den Stoff für ihre Cocktailträume bezogen die Bartender damals im Wesentlichen aus der Alten Welt. Zwar versuchten um die 80er- und 90er-Jahre des 19. Jahrhunderts verschiedene inländische Produzenten in der Wermutherstellung Fuß zu fassen, aller-

dings weitgehend ohne kommerziellen Erfolg. Und so erfreuten bis zur Jahrhundertwende vor allem süße Wermuts aus Italien die Gaumen von Geldadel und neuem Bürgertum in den USA. Um den Wechsel zum 20. Jahrhundert feierte dann auch der deutlich trockenere französische Wermut seinen Durchbruch jenseits des Atlantiks und fand nach und nach seinen Weg unter anderem in die damals schon als Klassiker geltenden Cocktails Martini und Manhattan, die seinerzeit – ganz anders als heute – mindestens zu 50 Prozent aus Wermut bestanden.

Ungeachtet eines neuerlichen Anlaufs der US-amerikanischen Alkoholproduzenten im jungen 20. Jahrhundert, auf heimischem Boden guten Wermut auf kommerziellen Niveau herzustellen, blieben die Europäer auf dem amerikanischen Kontinent

Marktführer in Sachen Wermut. Das lag nicht zuletzt an der beständig an Einfluss gewinnenden US-amerikanischen Abstinenzbewegung, der im Januar 1920 im Erlass der Prohibitionsgesetze gipfelte und der prosperierenden Cocktail- und Wermutkultur – vor dem Ersten Weltkrieg war Wermut Hauptbestandteil in der Hälfte aller bis dahin ersonnenen Cocktails – ein jähes Ende bescherte.

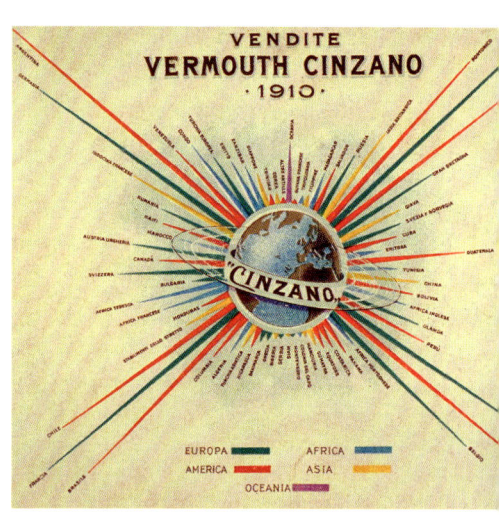

Welterfolg Wermut: Schon 1910 hat Cingano Vermouth alle fünf Kontinente erobert.

Als jedoch 1933 der liberale Demokrat Franklin D. Roosevelt ins Präsidentenamt gewählt wurde, gehörte es zu einer seiner ersten Amtshandlungen, die Prohibition – angeblich mit den Worten „What America needs now is a drink" – abzuschaffen und sich einen „Dirty Martini" aus zwei Teilen Gin und einem Teil Wermut zu genehmigen. Von da an war Wermut wieder en vogue, und nach der prohibitionsbedingten Trockenzeit der US-amerikanischen Alkoholindustrie dominierten einmal mehr europäische Marken den Markt. Doch insbesondere die Italiener waren dem ein oder anderen inzwischen zu süß, und die Barkeeper begannen, die Mengenverhältnisse in ihren Cocktailkreationen zu Ungunsten des Wermuts zu verschieben. So wurde der berühmte Martini schon damals häufig aus drei Teilen Gin und einem Teil Wermut gemixt. Dies schadete den Absatzzahlen der europäischen Importeure jedoch keinesfalls: Der schwindende Wermutanteil in den einzelnen Cocktailmischungen wurde durch den stetig steigenden Konsum von Cocktails insgesamt mehr als wettgemacht.

Wirtschaftsmotor Weltkrieg

Dass sich in den Vereinigten Staaten nicht nur eine Kultur für den Konsum, sondern auch für die Herstellung von Wermut entwickeln konnte, ist letztlich den Auswirkungen des Zweiten Weltkriegs geschuldet. Während es den amerikanischen Produzenten unmittelbar nach Ende der Prohibition nicht gelungen war, sich auf dem Wermutmarkt zu etablieren – was auch an der unverhältnismäßigen Besteuerung heimischen Wermuts lag –, konnten sie das kriegsbedingte beinahe vollständige Versiegen der europäischen Wermutquellen zu ihrem Vorteil nutzen.

In den 1940er-Jahren holten US-amerikanische Weingüter Spezialisten aus Europa ins Boot, um ihren eigenen Wermut zu entwickeln. Zunächst orientierte man sich dabei eng an den traditionellen europäischen Vorbildern, wurde gegen Ende des Jahrzehnts jedoch immer experimentierfreudiger und versuchte sich an innovativen Rezepturen. Damals entwickelten sich Kalifornien und New York zu Zentren der US-amerikanischen Wermutproduktion.

**Die 1950er- und 60er-Jahre –
Leben im Cocktailrausch**

War die Popularität von Cocktails in den USA während der Prohibition eher aus der Not geboren – man versuchte schlicht, die üblen Brände jener Zeit mit Beigaben aller Art irgendwie genießbar zu machen –, spiegelt die Cocktailkultur der späten Nachkriegszeit das Lebensgefühl einer ganzen Generation wider. Wer etwas auf sich hielt, würzte seinen Alltag stilvoll und reichlich mit Mix-Spirituosen aller Art – man denke nur an den charismatischen Werbefachmann Don Draper und die weiteren, stets für einen Drink zu habenden „Mad Men" in der erfolgreichen US-Fernsehserie … War der erste Cocktailboom im 19. Jahrhundert gleichzeitig auch ein Wermutboom, mischte man in Zeiten von Nierentisch, Petticoat und Beehive bevorzugt steife, staubtrockene Drinks, in denen Wermut bisweilen nur noch eine Nebenrolle spielte. Dennoch war der Gewürzwein weiterhin fester Bestandteil jeder gut sortierten Bar.

In Europa hingegen waren die Zeiten für den Wermut nach den goldenen Jahren rund um die Jahrhundertwende und die Roaring Twenties kriegsbedingt eher mager – das mit dem Vermouth assoziierte leichte Lebensgefühl wich dem Kampf ums Überleben. Nach dem Zweiten Weltkrieg avancierte dann der American Way of Life für viele zur Leitkultur, und der neue Appetit auf Cocktails bedeutete auch für den Wermut eine – wenn auch verhaltene – Renaissance. Einen neuerlichen Tiefpunkt erlebten Wermut & Co. dann mit dem Siegeszug von Hippiekultur und der anschließenden 1968er-Revolution, die für die Beteiligten eine dezidierte Abkehr vom Lebensstil der Elterngeneration – und ihren Lieblingsgetränken – bedeutete. Gegenwärtig nun scheint die Zeit reif für eine neuerliche Wermutrenaissance, und das sowohl in seinen Stilen als auch in seinen Kombinationsmöglichkeiten so vielseitige Getränk erobert Bars, Café-Terrassen und Wohnzimmer.

„Cin Cin … Cingano!": Ob in Radio, TV, Kino oder klassischer Print-Anzeige – auch in den 1960er-Jahren sorgte Cingano mit innovativen Werbekampagnen für Aufmerksamkeit.

WERMUTSTILE

Auch wenn man die verschiedenen Wermutstile heute nicht mehr (allein) an der Herkunftsregion des Weinaperitifs festmachen kann, benennt man seine unterschiedlichen Ausprägungen weiterhin nach den traditionellen geografischen Ursprüngen.

Die älteste Wermutkategorie ist der VERMOUTH DI TORINO, durch den das Gros der italienischen Wermuts inspiriert wurde. DOC-Status haben dabei lediglich die, die tatsächlich in Turin aus Weinen der Region hergestellt werden. Sie kommen dem, was „Wermuterfinder" Carpano einst in seinem kleinen Weinladen verkaufte, vermutlich recht nahe. Wermut in klassisch italienischem Stil ist rot und vollmundig, komplex im Geschmack, dabei süß mit markanten Bitternoten. Die Produktion von weißem Wermut be-

gann in Italien erst viel später, um am Markt mit dem Vermouth aus Chambéry und dem südfranzösischen Noilly Prat konkurrieren zu können.

Spricht man über den VERMOUTH DE CHAMBÉRY, ist aller Wahrscheinlichkeit nach die Rede von Dolin, jener Marke, die den Wermuts aus Chambéry in den 1930er-Jahren ihren Herkunftsstatus einbrachte und in dieser Kategorie mangels Mitbewerbern beinahe konkurrenzlos ist. Dolin ist exemplarisch für den allgemein als französisch bezeichneten Wermutstil, den man mit frischen, fruchtigen und eher trockenen Wermuts assoziiert. In Frankreich wurde auch die Kategorie der „Blancs" erfunden, der eher süßen weißen Wermuts, die erst später in den Sortimenten der italienischen Konkurrenz auftauchten.

Ebenfalls typisch französisch ist der Noilly Prat, der im Süden des Landes zu Hause ist und heute noch so hergestellt wird wie vor 200 Jahren. Dieses Herstellungsverfahren allerdings beschert ihm einen ganz eigenen Stil, der wenig mit den Weißen nach Chambéry-Art zu tun hat. Darum spricht man im angelsächsischen Raum von Wermuts, die eher mit dem Noilly Prat vergleichbar sind als mit den Weißen aus Chambéry, auch als „MARSEILLES". Diese sind deutlich schwerer als die Wermuts aus den französischen Alpen und verdanken ihr charakteristisches Aroma der sonst unerwünschten Oxidation des Basisweins.

Exemplarisch für den spanischen Wermutstil ist der VERMUT DE REUS. Von den Wermutproduzenten, die einst in dem 90 Kilometer südlich von Barcelona gelegenen Städtchen ansässig waren, sind heute nur noch drei übrig geblieben. Die aber produzieren mutmaßlich rund 80 Prozent des spanischen Wermuts. Allerdings gibt es daneben eine Vielzahl kleiner Hersteller, die auf ungewöhnliche Verfahren und Zutaten setzen und Wermuts von ganz eigenem Charakter produzieren. So experimentiert man in Andalusien zum Beispiel mit der Verwendung von Sherrywein als Wermutbasis. In Spanien wird Wermut traditionell pur getrunken. Daher setzt man hier vor allem auf Geradlinigkeit und bevorzugt süße, unkomplizierte Wermuts, statt wie die Italiener auf Komplexität zu setzen, die wiederum gefragt ist, wenn Wermut als Cocktailpartner dient und seine geschmacklichen Qualitäten im Zusammenspiel mit anderen Aromen entfalten soll.

WERMUTHERSTELLUNG

Laut EU-Verordnung ist Wermut ein mit Traubenmost, teilweise gegorenem Traubenmost und/oder mit Alkohol stummgemachtem Most aus frischen Weintrauben versetzter Wein, der sein charakteristisches Aroma insbesondere aus *Artemisia*-Arten gewonnenen Stoffen verdankt, zu denen üblicherweise der Gemeine Wermut *(Artemisia absinthium L.)* gehört. Als Süßungsmittel kommen ausschließlich karamelisierter Zucker, Saccharose, Traubenmost, rektifiziertes Traubenmostkonzentrat und konzentrierter Traubenmost infrage. Der Alkoholgehalt des fertigen Produkts muss zwischen 14,5 und 21,9 % vol liegen, der Anteil des Basisweins darf im fertigen Produkt 75 Prozent nicht unterschreiten.

Den teilvergorenen Traubenmost, mit dem der Basiswein vermischt wird, bezeichnet man als Mistela. Die alkoholische Gärung des Mostes wird durch die Beigabe eines starken Alkohols – in den meisten Fällen Branntwein – gestoppt. Durch dieses sogenannte Aufspriten oder auch Stummmachen lässt sich die im Wein erhaltene Restsüße genau regulieren.

Die Aromen der für einen bestimmten Wermut verwendeten Kräuter wer-

In einer alten Weinpresse wird weiße Maische ausgepresst, um die Traubenrückstände (Trester) vom süßen Traubensaft (Most) zu trennen.

den im Allgemeinen qua Mazeration extrahiert. Hinter diesem Begriff verbirgt sich ein recht unkomplizierter Vorgang: Die sogenannten Botanicals – also die Kräuter, Früchte, Samen und Wurzeln, die das Geschmacksprofil des fertigen Wermuts prägen – werden mehrere Wochen in einem neutralen starken Alkohol eingelegt, sodass ihre Aromastoffe im Alkohol gelöst werden. Will man den Extraktionsprozess ein wenig beschleunigen, kann man die Temperatur der Lösung auf rund 40 bis 50 °C erhöhen. In diesem Fall spricht man vom Verfahren der Digeration.

Aus Basiswein, Mistela und Aromen entsteht dann eine Mischung, die in diversen Arbeitsschritten gekühlt und gefiltert wird, um schließlich als Wermut in Flaschen abgefüllt zu werden. Liest man auf deren Etikett einen Zusatz wie „bianco", „weiß" oder „blanc", hat man es mit einem süßen, weißen Wermut auf Weißweinbasis zu tun, bei Attributen wie „dry", „extra dry", „sec", „semi-sec" und „medium dry" hingegen muss man mit einem mindestens halbtrockenen Wermut rechnen. Vermouths mit der Zusatzbezeichnung „rosso", „rouge"

Wer genau wissen will, wie viel Zucker in dem Wermut seiner Wahl ist, kann sich Folgendes merken:

- Ein Vermouth „extra dry" enthält weniger als 30 g Zucker je Liter und verfügt über einen Mindestalkoholgehalt von 15 % vol.
- Das Attribut „dry" bedeutet, dass unter 50 g Zucker enthalten sind und der Alkoholgehalt bei wenigstens 16 % vol liegt.
- Liest man „semi dry" auf dem Etikett, muss man mit 50 bis 90 g Zucker pro Liter rechnen.
- „Semi sweet" sind Wermuts mit 90 bis 130 g Zucker je Liter.
- Als „sweet" bezeichnet man Wermuts, die 130 g Zucker und mehr – sehr häufig sind es 150 g – enthalten.

oder „rot" werden, anders als man vielleicht vermuten könnte, in der Regel nicht auf Rotweinbasis hergestellt, sondern verdanken ihre rote oder bräunliche Färbung dem zugesetzten Karamell und/oder färbenden Kräutern und Gewürzen. Sie sind meist süß oder halbtrocken. Kommt ein Wermut „rosato" oder „rosé" daher, ist seine Grundzutat entweder Rotwein oder eine Mischung aus Weiß- und Rotwein, und er ist im Geschmack halbtrocken oder süß.

WERMUTZUTATEN

Bei der Wermutherstellung kommen – sieht man von wenigen Ausnahmen einmal ab – kaum mehr als eine Handvoll Rebsorten zum Einsatz, und ungeachtet der Farbe des fertigen Wermuts bildet so gut wie immer ein Weißwein die Basis. Einige Produzenten machen aus dem verwendeten Basiswein kein Geheimnis, und manche geben zumindest eine Auswahl der verwendeten Aromen preis. Über deren konkrete Zusammensetzung und die Mischungsverhältnisse erfährt man jedoch nur sehr selten etwas – was kein Wunder ist, entscheiden sie doch über den spezifischen Charakter des Endprodukts.

DER WEIN

Welcher Wein die Grundlage für einen Wermut bildet, variiert natürlich von Region zu Region. Im Folgenden soll es um die wichtigsten Rebsorten für die Wermutproduktion gehen – ein Anspruch auf Vollständigkeit besteht beileibe nicht.

Clairette: Diese Rebsorte wächst im gesamten Mittelmeerraum, ist aber vor allem im französischen Languedoc verbreitet. Sie liebt die Sonne, wird jedoch in wesentlich geringerem Umfang als früher angebaut. Dies liegt vor allem an ihrer hohen Oxidationsneigung, die sie zu einem ausgezeichneten Verschnittpartner für den säurelastigen, ebenfalls in südfranzösischen Gefilden beheimateten Picpoul Blanc macht. In dieser Kombination bildet die Clairette auch die Basis für den französischen Traditionswermut Noilly Prat.

Colombard: Traditionell fand diese Rebe vor allem in der Brennerei Verwendung, namentlich in der Cognac- und Armagnac-Herstellung. Zu Hause ist sie in der französischen Gascogne, wo sie vor allem zu Vins de Pays des Côtes de Gascogne ausgebaut wird. In Nordamerika ist sie unter dem Namen French Colombard bekannt und findet sich etwa in den unter der Marke Vya vertriebenen Wermuts aus der Quady Winery im kalifornischen San Joaquin Valley.

Macabeo: Der Macabeo, auch Macabeu, ist die bedeutendste weiße Weinrebe in Nordspanien, wo sie in 20 Weinregionen vorkommt. Daneben wächst sie auch in der französischen Region Languedoc-Roussillon, wo sie vor allem zu Vin doux naturel gekeltert wird.

Colombard-Traube

51

Muskateller: Diese vornehmlich in warmen Regionen gedeihende Rebsorte verwendete Antonio Benedetto Carpano für die Herstellung seines legendären Wermutweines. Es handelt sich um eine der ältesten Rebsorten überhaupt, die vermutlich um das 12. Jahrhundert auf Handelswegen von Kleinasien nach Europa gelangte und im Allgemeinen zu blumigen Weißweinen mit fruchtigen Noten ausgebaut wird. Angeblich hat schon Kaiser Barbarossa Muskateller-Weine getrunken, die sogar im Nibelungenlied Erwähnung finden.

Paralleda: Diese spanische Rebsorte gilt als eine der hochwertigsten und wichtigsten Trauben in der spanischen Region Katalonien. Man kennt sie auch unter dem Namen Montonec, und sie wird häufig zusammen mit den Sorten Macabeo und Xarel·lo in der Cava-Herstellung verwendet. Die Traube liefert fruchtig leichte Weißweine mit relativ niedrigem Alkoholgehalt, die binnen Jahresfrist getrunken werden sollten.

Picpoul Blanc: Diese auch in der Schreibweise Piquepoul bekannte Traube zeichnet sich durch ihre vor-

Muskateller-Traube

Picpoul-Blanc-Traube

herrschende Säure aus, die sie zu einem ausgezeichneten Partner für die Clairette und damit zu einem fundamentalen Bestandteil des südfranzösischen Wermuts Noilly Prat macht. Die Traube verfügt über einen bemerkenswert hohen Vitamin-C-Gehalt, der über dem von Apfelsinen liegt. Die Reben gelten als robust, sind aber nicht besonders ertragreich.

Tempranillo: Diese Rebsorte ist in Spanien und Portugal weit verbreitet, im Weinbaugebiet La Rioja kommt keine andere Traube häufiger vor. Der Tempranillo ist als Verschnittpartner von Garnacha oder Mazuelo ein wichtiger Bestandteil des berühmten Rioja, in Portugal wird er häufig als Bestandteil für den Porto verwendet.

Trebbiano: Diese Traube gehört zu den ältesten Rebsorten überhaupt und wird vor allem in Italien angebaut. In Südfrankreich kennt man sie unter dem Namen Ugni Blanc, im Weinbaugebiet Cognac als Saint-Émilion. Der Trebbiano ist enorm ertragreich, allerdings sind seine säurelastigen Weine eher kurzlebig. Doch gerade diese Eigenschaften machen sie zu beliebten Partnern bei der Herstellung von Cognac, Armagnac und Balsamessig, und auch bei der Herstellung der Wermuts aus dem Hause Cinzano spielen sie eine wichtige Rolle.

Trebbiano-Traube

Xarel·lo: Diese häufig in der Cava-Produktion verwendete Rebsorte findet auch in der Wermutherstellung Verwendung. Die Traube ist in Katalonien zu Hause, wo sie vor allem in der Herkunftsregion Penedès angebaut wird. Der Xarel·lo gilt als sehr ertragreich und wird gerade in jüngerer Zeit verstärkt auch reinsortig zu rustikalen, vollmundigen Weinen ausgebaut. Naturgemäß findet sich der Xarel·lo vor allem in spanischen Wermuts.

DIE BOTANICALS

Ist ein hochwertiger Wein auch entscheidend für die Qualität des Endprodukts, so erhält jeder Wermut sein charakteristisches geschmackliches Profil durch die verwendeten pflanzlichen Aromen, neudeutsch auch Botanicals genannt. Wie bereits erwähnt, ist kein Produzent ernsthaft bereit, über deren Auswahl und Mengenverhältnisse Auskunft zu geben. Dennoch kann man diverse Kräuter, Wurzeln, Blumen und Früchte benennen, die neben dem Wermutkraut traditionell in der Wermutherstellung zum Einsatz kommen.

Bitterholz *(Quassia amara):* In der Medizin werden Blätter, Holz und Borke dieses Bittereschengewächses verwendet. Dank der enthaltenen Bitterstoffe wird es gegen Appetitlosigkeit, Verdauungsbeschwerden, Magen-, Darm- und Gallenbeschwerden eingesetzt und findet in nahezu allen europäischen Wermuts Verwendung.

Bitterorange *(Citrus x aurantium):* Diese auch Pomeranze genannte Zitrusfrucht ist aus einer Kreuzung zwischen Pampelmuse und Mandarine entstanden. Die Frucht erinnert zwar an eine Apfelsine, ist jedoch kleiner und hat einen – wie der Name schon anzeigt – bitteren Geschmack und kam wohl bereits im 11. Jahrhundert und damit noch vor ihrer süßen großen Schwester nach Europa. Die Blüten dieses eher kleinen Baumes finden in der Parfümerie Verwendung. Die Schale der Bitterorange enthält sehr viele essenzielle Öle, und ihre Extrakte verleihen vielen Likören und Bitters eine typische bittere Orangennote, so auch diversen Wermuts.

Bitterorange

Enziane *(Gentiana):* In den Alpen gedeihen rund 35 der 300 bis 400 weltweit vorkommenden Enzianarten. Die Pflanzen mit den häufig faszinierend blauen Blüten verkörpern wie kaum eine andere Blume die vermeintliche Romantik des Lebens in den Bergen. Kein Wunder also, dass auf der österreichischen 1-Cent-Münze ein Enzian abgebildet ist. In der Kräutermedizin schätzt man vor allem die fiebersenkenden und antibakteriellen sowie verdauungsfördernden Eigenschaften des Enzians. Auch wenn vor allem die blauen Enzianarten bekannt sind, findet in der Schnaps- und Wermutherstellung hauptsächlich der hochwachsende Gelbe Enzian – oder vielmehr sein Wurzelwerk – Verwendung. Enzian trägt neben dem Wermutkraut zur typischen Bitternote des Wermuts bei.

Grüner Kardamom *(Elettaria cardamomum):* Diese Pflanze gehört zur Familie der Ingwergewächse. Ihre charakteristischen Kapselfrüchte, die sowohl in der Küche als auch in der Medizin Verwendung finden, sind sehr empfindlich und werden daher von Hand geerntet, da sonst die in ihrem Inneren befindlichen Samen verloren gehen könnten. Die getrockneten Samen gehören übrigens zu den teuersten Gewürzen der Welt, nur für Safran und Vanille muss man noch tiefer in die Tasche

Grüner Kardamom

Kamille

greifen. Kardamom ist in der asiatischen Küche sehr verbreitet, in unseren Breitengraden findet man ihn vor allem in Rezepten für Weihnachtsgebäck. Das in den Fruchtsamen enthaltene ätherische Öl regt die Produktion von Speichel, Gallen- und Magensaft an. So hilft es bei Verdauungsbeschwerden und Blähungen und fördert den Appetit. Bei der Wermutherstellung wird Kardamom aufgrund seines angenehm süßen Geschmacks gerne mit Orange, Zimt, Nelken und Kümmel kombiniert.

Kamille *(Matricaria chamomilla L.)*: Heimat dieser heute in ganz Europa verbreiteten Pflanze aus der Familie der Korbblütler war ursprünglich Süd- und Osteuropa. Die Kamille ist eine sehr alte Heilpflanze. Ihre mild duftenden Blüten wirken krampflösend und entzündungshemmend. Doch sie ist nicht nur in der Medizin, sondern auch bei der Wermutherstellung gefragt: Angeblich wandern 50 Prozent der jährlichen Kamilleernte in Frankreich in die Fässer von Noilly Prat im südfranzösischen Marseillan.

Koriander

Koriander _(Coriandrum sativum)_:
Aufgrund seines bisweilen als seifig empfundenen Aromas spaltet Koriander die Menschheit wohl in gleichem Maße wie Lakritz. Geerntet wird das Kraut am besten im August, wenn es einen maximalen Gehalt an ätherischen Ölen hat. Als Herkunftsgebiet gilt der Mittelmeerraum. Koriander wird sowohl als Heil- als auch als Gewürzpflanze verwendet, wobei in Europa bevorzugt die Samen benutzt werden, während man in der asiatischen und südamerikanischen Küche das grüne Kraut bevorzugt.

Für die Gewinnung von ätherischen Ölen, die als wirksam bei Magen- und Darmleiden gelten, verwendet man die getrockneten Samen.

Moschus-Schafgarbe _(Achillea moschata)_: Diese stark duftende Pflanze aus der Familie der Korbblütler ist insbesondere in den Ostalpen – und damit auch im Piemont – in Höhen über 1500 Meter verbreitet und hat bereits eine lange Tradition in der Kräuterlikörherstellung, ebenso würzt sie viele Bitters und Aperitifs. In der volkstümlichen Pflanzenheilkunde gilt sie als schleimlösend, appetitanregend und lindernd bei Magen-Darm-Erkrankungen, außerdem soll sie bei schwachen Nerven helfen und, äußerlich angewendet, zur Wundheilung beitragen. Verwendet werden können sowohl die Blätter als auch die jungen Blüten.

Muskatnuss: Die Frucht des Muskatnussbaums _(Myristica fragrans)_ wird ebenso wie ihre Umhüllung, die Macis, Mazis oder auch Muskatblüte, als Gewürz verwendet, wobei der Samen intensiver schmeckt als die Hülle. Man schreibt der Muskatnuss eine schmerzlindernde und entzün-

Muskatnuss

dungshemmende Wirkung zu, ebenso der Macis. Sowohl Nuss als auch Blüte sind beliebte Zutaten bei der Wermutherstellung.

Rhabarber *(Rheum):* Diese vor allem in Asien verbreitete Pflanzengattung aus der Familie der Knöterichgewächse umfasst eine Vielzahl von Arten. Bedeutung für die Herstellung von Schnäpsen, Likören und Wermut haben vor allem zwei: Zum einen die eher junge Kulturform des Garten-Rhabarbers, der erst seit dem 18. Jahrhundert gezüchtet wird, sowie der Arznei-Rhabarber, der in der Traditionellen Chinesischen Medizin eine wichtige Rolle spielt. Während jedoch beim Garten-Rhabarber die Stängel den Geschmack liefern, ist es beim Arznei-Rhabarber die rübenförmige Wurzel, deren kräftiger bitterer Geschmack vor allem in Kombination mit Bitterorangenaromen geschätzt wird.

Rosenblätter: Bei der Herstellung von Likören wie dem besonders im 19. Jahrhundert sehr beliebten Parfait d'Amour spielen Rosenblätter eine wichtige Rolle, und auch in der Wermutproduktion kommen sie recht häufig zum Einsatz. Sie dienen als Basis für die Inszenierung floraler Aromen und verleihen dem Aperitif vor allem in Kombination mit Zitrusaromen eine angenehme Frische.

Rosenblätter

Rosmarin *(Rosmarinus officinalis):* Der im Geruch leicht an Kampfer erinnernde und scharf-würzig schmeckende Rosmarin ist im Mittelmeerraum zu Hause und wurde bereits im Mittelalter als Heilpflanze und Gewürz geschätzt. Außerdem diente das Kraut aufgrund seines ähnli-

Safran

Rosmarin

chen Geruchs bisweilen auch als Weihrauchersatz. Geerntet werden die zarten, jungen Triebe, die getrocknet an Tannennadeln erinnern. Rosmarin ist aus der mediterranen Küche nicht wegzudenken und findet auch in der Wermutherstellung vielfach Verwendung.

Safran *(Crocus sativus):* Bei der Safranpflanze handelt es sich um eine Krokusart, die den in hiesigen Gefilden gedeihenden Herbstzeitlosen nicht ganz unähnlich ist. Heimat des Safrans, dessen Name übrigens aus dem Arabischen kommt und „gelb" bedeutet, ist Kleinasien, doch er wächst auch in verschiedenen südeuropäischen Ländern. Der für die Gewürzproduktion relevante Teil der fliederfarbenen Blüte ist der aus dem Fruchtknoten wachsende, circa 10 cm lange Griffel, an dessen Spitze sich eine orangerote, dreigliedrige Narbe befindet. Diese Narbenfäden werden nach der Ernte von den Blüten abgeschnitten und getrocknet und kommen entweder als Safranfädchen oder pulverisiert in den Handel. Safran duftet sehr stark und ist im Geschmack bittersüß. Dass er das teuerste Gewürz der Welt ist, verwundert nicht, wenn man bedenkt, dass man rund 100.000 Blütennarben benötigt, um ein Kilogramm Safran zu gewinnen. Als „Safran der kleinen Leute" bezeichnet man aufgrund seiner recht ähnlichen Eigenschaften übrigens bisweilen die in Südostasien beheimatete Kurkuma, aus deren Wurzelstock ein gelbes Pulver gewonnen wird, das ähnlich stark färbt wie Safran.

Sternanis *(Illicum verum):* Dieser asiatische Verwandte des Anis wird sowohl in der Naturheilkunde als auch in der Küche geschätzt. Bei den sternförmigen Kapseln handelt es sich um die reifen Früchte eines immergrünen, in tropischen Gefilden wachsenden Baumes aus der Familie der Sternanisgewächse. Das Aroma des Sternanis steckt vor allem in der Samenhülle, darum wird im Allgemeinen die gesamte Frucht verwendet. Geschmacklich erinnert Sternanis an Lakritz, als Heilpflanze wird er vor allem wegen seiner wohltuenden Wirkung auf den Magen-Darm-Trakt geschätzt. Gekaut wirkt er verdauungsfördernd und sorgt für einen süßen Atem. Seine Süße macht ihn zu einem beliebten Aroma für Liköre und milde Wermuts.

Vanille: Die Vanillepflanze ist eine Kletterorchidee mit lianenartigen Ranken, die an Bäumen und Pfählen in die Höhe wächst. Von den insgesamt etwa 110 Vanillearten sind nur 15 für die Produktion des ebenso be-

Sternanis

Vanille

Wacholder

liebten wie kostbaren Gewürzes von Bedeutung. Wichtigste Art für die kommerzielle Gewinnung von Vanille ist die *Vanilla planifolia*, die auch als Gewürzvanille bekannt ist. Wenn die Schoten der Pflanze geerntet werden, sind sie gelbgrün. Schwarz, wie wir sie kennen, werden sie erst durch die Behandlung mit Wasserdampf und die anschließende langwierige Fermentation. Die charakteristischen Vanillearomen finden sich sowohl in der Schote als auch im darin befindlichen Vanillemark.

Wacholder *(Juniperus communis):* Der immergrüne Gemeine Wacholder gilt als sehr pflegeleicht und ist sowohl als Zierpflanze als auch in

Küche und Heilkunde von Bedeutung. Insgesamt umfasst die Gattung der Wacholder über 50 Arten, wobei in Mitteleuropa lediglich der Gemeine Wacholder und der Sadebaum in freier Natur vorkommen. Die Beeren des Strauches, der Höhen bis zu 2500 Meter standhält, finden als Gewürz Verwendung und sind vor allem als wichtige Zutat bei der Gin-Herstellung bekannt. Sie gelten als Magenmittel und wirken antiseptisch und antirheumatisch.

Wermutkraut *(Artemisia absinthium):* Ohne Beigabe der charakteristischen Aromastoffe dieses Krauts oder anderer geeigneter Arten aus der Pflanzengattung *Artemisia* darf

Wermutkraut

Zimt

ein Gewürzwein sich laut EU-Verordnung nicht Wermut nennen. Die seit der Antike als Heilmittel verwendete Pflanze enthält unter anderem das Nervengift Thujon, das bei der Absinth-Herstellung extrahiert wird. Als Naturheilpflanze wurde sie in vergangenen Zeiten vor allem bei Wurmbefall und gegen Gallenbeschwerden eingesetzt, außerdem nutzte man ihre anregende und fiebersenkende Wirkung. Wermutkraut enthält reichlich Bitterstoffe, und diese Bitterstoffe verleihen dem Wermut auch seine appetitanregende und verdauungsfördernde Wirkung.

Zimt: Dieses leicht scharfe und gleichzeitig süße Gewürz wird nicht, wie man vielleicht annehmen könnte, aus der Frucht des Zimtbaumes gewonnen, sondern aus dessen von der Außenborke befreiten Innenrinde. Im Handel ist er gemahlen oder in Stangenform erhältlich. Zimt ist ein uraltes Gewürz und Heilmittel: Er wurde schon 3000 v. Chr. in chinesischen Schriften erwähnt, und um 1600 v. Chr. diente er in Judäa als Zutat für Räucherwerk. Der berühmte antike Arzt Hippokrates wiederum betonte im 5. Jahrhundert v. Chr. die Bedeutung des Zimts als Arznei. Zimt stärkt den Magen, fördert die Verdauung und regt den Appetit an, außerdem wirkt er – vor allem bei Zahnschmerzen – schmerzlindernd und beruhigend. In der Wermutproduktion schätzt man ihn hauptsächlich wegen seines warmen, würzigen Charakters.

WERMUTAUFBEWAHRUNG

Der Wermut lässt gerade sein leicht angestaubtes Image hinter sich. Damit wird es Zeit, sich auch in der eigenen Hausbar einmal umzusehen und alle geöffneten Wermutflaschen unbestimmten Alters zu entsorgen: Denn ganz ähnlich wie reiner Wein ist auch der Aperitifklassiker anfällig für den Zahn der Zeit. Das bedeutet, dass eine angebrochene Flasche möglichst binnen sechs bis acht Wochen verwendet werden sollte, und diese Zeit sollte sie unbedingt im Kühlschrank verbringen. Andernfalls verliert der Inhalt aufgrund der unmittelbar nach dem Öffnen einsetzenden Oxidation rasch an Geschmack und Komplexität.

Aber auch einen oxidierten oder madeirisierten Wermut muss man nicht zwangsläufig wegschütten – häufig eignet sich ein in die Jahre gekommener Tropfen noch als Kochwein, denn letztlich passiert im Kochtopf nichts anderes als bei der Oxidation: Der Wermut kommt mit reichlich Sauerstoff in Berührung, wird erhitzt, und der Alkohol verfliegt – übrig bleibt lediglich der Geschmack, und das ist ja erwünscht.

Wermutporträts

BELSAZAR

BERLIN · DEUTSCHLAND

Hinter dieser deutschen Wermutlinie aus der Hauptstadt stehen drei Namen, die schon in anderen Disziplinen Erfolgsgeschichte geschrieben haben. Sebastian Brack ist einer der Väter der besonders unter Gin-Freunden beliebten Bitterlimonaden der Marke Thomas Henry, Maximilian Wagner hat sich bereits bei der Vermarktung des hoch dekorierten The Duke Gin aus München einen Namen gemacht, und Philipp Schladerer ist Geschäftsführer der fest in Familienhand befindlichen Obstbrennerei Schladerer im Schwarzwald.

Angesichts dieser geballten Erfahrung ist es wohl ausgeschlossen, dass es mit dem hochwertigen Wermut aus Berlin ein ähnlich übles Ende nimmt wie einst mit dem biblischen König Belsazar. An den Untergang des babylonischen Königs haben die drei bei der Namensfindung für ihren Aperitif auch gar nicht gedacht, gleichwohl ihnen dessen Schicksal wohlbekannt war: Für ih-

ren Belsazar stand mit Sixtus Balthasar Schladerer ein Vorfahr von Philipp Schladerer Pate. Die babylonische Grundform des Vornamens wählten sie, weil die sich – anders als die heute gängige Variante „Balthasar" – markenrechtlich schützen ließ. Und dass sie in deutscher Übersetzung „Gott schütze sein Leben" bedeutet, war sicherlich auch kein Hinderungsgrund und scheint angesichts der wachsenden Beliebtheit des Wermuts beinahe programmatisch.

Für die Basis der gegenwärtig vier Wermutsorten aus dem Belsazar-Sortiment setzt man konsequent auf regionale Qualität aus dem Markgräflerland und vom Kaiserstuhl. In die Cuvées wandern unter anderem Müller-Thurgau, Muskateller, Gutedel, Spätburgunder, Gewürztraminer und Süßweine. Welche Mazerate ihren Spezialitäten ihren unverwechselbaren Geschmack verleihen, wollen die Belsazar-Macher selbstverständlich nicht verraten. Be-

kannt ist, dass um 30 verschiedene Schalen, Blüten, Kräuter und Gewürze – zu denen natürlich auch Wermut gehört – zum Einsatz kommen, wobei Anzahl und Auswahl zwischen den vier Sorten selbstverständlich variieren. Ihre Süße erhalten die Hauptstadt-Wermuts durch die Beigabe von Schwarzwälder Traubenmost, der mit Branntwein stummgemacht wird. Der wiederum reift in Eichenfässern und verleiht den Belsazars eine feine Sherry-Note. Weiterhin für Finesse im Endprodukt sorgen die Schladerer Obstbrände, die, wie man es bei Belsazar formuliert, den Wermuts den richtigen Dreh verleihen und gleichsam das i-Tüpfelchen der sorgsam komponierten Geschmacksprofile bilden.

Die Vereinigung von Basis-Cuvée, Mazeraten, Obstbränden und Traubenmost erfolgt bei Belsazar in einem Schritt mit der Filtration. Dann wandert der fertig gemischte Wermut noch einmal für bis zu drei Monate in geschmacksneutrale Steingutfässer, um zu reifen, ohne dabei weitere Aromen anzunehmen. Erst dann werden die Wermuts abgefüllt.

Als erstes Mitglied der aus den Sorten DRY, RED, ROSÉ und WHITE bestehenden Range lancierte Belsazar den Roten, der – ganz wie ein traditioneller Italiener – vollmundig und bittersüß daherkommt. Seine Süße verdankt er Aromen wie Vanille, kandierten Orangen und Bitterschokolade, dazu kommen Macis, Zimt und eine Spur Nelke. Abgerundet wird diese aromatische Mischung von Karamellnoten und einem Anflug von dunkler Kirsche. Und ganz am Ende folgt die prägnante Bitternote des Wermuts. Nach Expertenmeinung schmeckt der BELSAZAR RED pur am besten bei einer Serviertemperatur von 4 bis 6 °C und harmoniert im Cocktail mit eher milden Spirituosen.

Der DRY überzeugt durch seine herbe Frische mit Aromen von Sommerfrüchten, Kamille und leichter Hefenote im Auftakt, dann folgen rasch die Bitternoten von Botanicals wie Enzian, Pomeranze, Chinarinde, Koriander und Wermutkraut. Der WHITE schmeichelt dem Gaumen mit mild-süßen Vanillearomen und Noten von getrocknetem Pfirsich und Orangen. Dazu setzen dezente Kräu-

ter und Gewürze einen eleganten Kontrapunkt und liefern den typisch bitteren Wermutgeschmack. Ein sommerliches Vergnügen ist der ROSÉ. Im Geschmack dominieren Pink Grapefruit, Orangenblüten, Pomeranze, Himbeeren und Johannisbeeren und lassen die süßen und bitteren Noten einträchtig auf der Zunge tanzen.

BERTO

CASTELNUOVO DON BOSCO · ITALIEN

Die geografischen Ursprünge dieses Wermuts liegen in dem kleinen piemontesischen Städtchen Castelnuovo Don Bosco, das seinen Beinamen zu Ehren von Giovanni Melchiorre Bosco trägt. Der 1815 in Castelnuovo geborene katholische Priester gründete 1859 die Ordensgemeinschaft der Salesianer Don Boscos und wurde 1934 heiliggesprochen. Für die Gemeinde der Wermuttrinker hingegen dürfte die Gründung der Distilleria Castelnuovo Don Bosco kurz nach der Einigung Italiens 1861 von gewichtigerer Bedeutung sein. Die Brennerei wurde 1890 von einem gewissen Giuseppe Quaglia aufgekauft, dessen Familie das Unternehmen bis heute führt. Bekanntestes Produkt neben den Spirituosen und Likören der Brennerei ist die Wermutlinie Berto, die zwar noch relativ neu auf dem Markt ist, aber nach traditionellem Rezept produziert wird.

Gegenwärtig gehören ein roter und ein weißer Wermut zum Sortiment.

International bekannter ist wohl der BERTO VERMOUTH ROSSO DA TRAVAJ. Seine Basis bilden hochwertige Weine aus dem Piemont, seine Aromen verdankt er einer Komposition bester Kräuter und Gewürze, seine Süße der Beigabe von Kristallzucker. Seinen letzten Schliff erlangt er durch die relativ lange Lagerung im Stahltank. Geschmacklich ist der rote Berto Italiener durch und durch. In der Nase dominieren frische Zitrusnoten mit Anklängen von Süßholz und Pfeffer, die das Bouquet des Basisweins wirkungsvoll in Szene setzen. Diese Aromen finden ihren Weg auch an den Gaumen, und im lang anhaltenden Abgang schließlich wartet der charakterstarke Wermut dann mit feinherben Bitternoten auf. Wer sich ganz auf den Geschmack konzentrieren will, trinkt den Berto in Zimmertemperatur, wer sommerlichen Genuss bevorzugt, entscheidet sich für die Variante auf Eis mit einem Orangenschnitz.

BORDIGA

CUNEO · ITALIEN

Als Firmengründer Pietro Bordiga sich mit seinem auf die Herstellung von Likören und Wermut spezialisierten Unternehmen 1888 in Cuneo ansiedelte, war die Nähe des Städtchens im Südwesten der italienischen Region Piemont sowohl zu den Alpen mit ihren Bergkräutern als auch zur Weinbauregion Langhe mit ihren hochwertigen Weinen, die heute DOC- und DOCG-Status haben, entscheidend für die Standortwahl.

Bemerkenswert ist, dass bei Bordiga seit 1888 ununterbrochen Likör und Wermut produziert wird, dazu gesellten sich um 1900 noch Gin, Bitter und Aperitife. Beim Wermut setzt man auf tradierte historische Rezepturen, die im Laufe der Zeit nur geringfügig verändert wurden, und die Kräuter, die in den Gewürzwein wandern, werden bis zum heutigen Tag von Hand gepflückt.

Der VERMOUTH BIANCO auf Moscato-Basis befindet sich seit der ersten Stunde im Bordiga-Sortiment und schmeckt heute noch so wie zu Pietro Bordigas Zeiten. Seinen süßen, sommerlichen Charakter verdankt er mehr als 30 Kräutern, darunter Enzian, Zimt und Ingwer sowie der als Bitterholz bekannte Quassiabaum. Diese Aromen werden per Mazeration extrahiert und dem Basiswein einzeln beigegeben, die Filterung zum Abschluss des Produktionsprozesses erfolgt zunächst durch das Herunterkühlen des Wermuts auf −15 bis −18 °C, und das 15 bis 25 Tage lang, dann wird noch zweimal durch Papier gefiltert.

1921 lancierte Bordiga dann den VERMOUTH ROSSO, dessen Basiswein aus Moscato- und Nebbiolo-Trauben gekeltert wird. Prägend für diesen würzigen, belebenden Wermut sind feine Aromen wie Zimt, Muskatnuss, Nelken und Sternanis in Kombination mit Minze und Enzian. Seine angenehme Frische verdankt er Noten von Orange, Pampelmuse und Zitrone.

BURSCHIK'S

WIEN · ÖSTERREICH

Hinter dem Wiener Traditionsunternehmen Burschik steht seit gut einem Jahrhundert die Familie Specht. Gegründet wurde es 1891 in der Hackengasse im Hauptstadtbezirk Fünfhaus von Rudolf Burschik, der in seinen Kellern eine österreichische Variante des seinerzeit ungemein beliebten Wermuts herstellte. Um die Ecke in der Zinckgasse betrieb die Familie Specht seit 1900 eine Gastwirtschaft mit Sodawassererzeugung. Dass Sodawasser und Wermut ausgesprochen gut zueinander passen, war natürlich schon damals kein Geheimnis mehr, und bald begannen die beiden Familien, die kommerziellen Synergien aus der geschmacklichen Harmonie zu nutzen, und vermarkteten ihre Produkte gemeinsam in der Wiener Gastronomie. 1916 verkaufte Rudolf Burschik seine Wermutmarke nebst Rezept dann an die Familie Specht. Nach dem Ersten Weltkrieg wurde das Originalrezept erstmals leicht verändert, nach dem Zweiten Weltkrieg erfolgte eine neuerliche Feinjustierung des Geschmacks. In den 1950er- und 1960er-Jahren erfreute sich der Wermut der Firma Burschik auch dank geschickter Werbung im Skisport vor allem in Österreich großer Beliebtheit.

Dann wurde es ruhiger um den Wiener Wermut. 1987 aber trat der aktuelle Firmeninhaber Leonhard Specht in das Familienunternehmen ein und beschloss nach seiner weinfachlichen Ausbildung 2001, die Wermuttradition des Unternehmens Burschik neu zu beleben. Über zehn Jahre tüftelte er an seinem Rezept, verkostete die Ergebnisse seiner Wermutexperimente mit Freunden und Fachleuten, und 2012 war es dann endlich so weit: Das Wiener Unternehmen lancierte – in neuer Aufmachung und verfeinerter Rezeptur – die Wermuts BURSCHIK'S KLASSIK und BURSCHIK'S DRY, dazu gesellte sich rund drei Jahre später noch der BURSCHIK'S RED. Dass

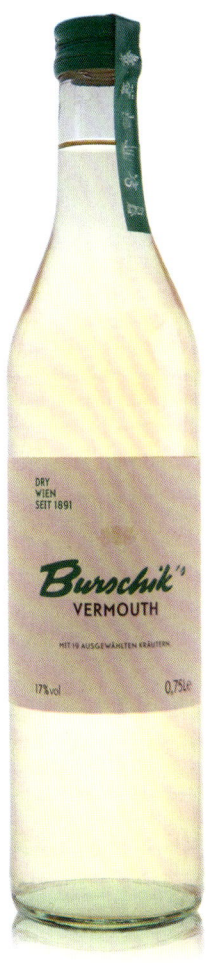

DRY
WIEN
SEIT 1891

Burschik's
VERMOUTH

MIT 18 AUSGEWÄHLTEN KRÄUTERN.

17% vol   0,75L℮

Specht sich entschieden hat, seine Wermuts unter der ursprünglich französischen Bezeichnung Vermouth zu vermarkten, war übrigens kein Zufall, denn er sieht seine Spezialitäten in der Tradition des französischen, blumig-floralen Wermutstils, wie die Marken Dolin und Noilly Prat ihn verkörpern.

Insgesamt 19 Botanicals benötigt Leonard Specht, um seine Wermuts zu aromatisieren. Welche das genau sind, ist selbstverständlich ein Betriebsgeheimnis. Doch ein wenig in die Karten schauen lässt er sich schon. Die Extraktion erfolgt in hochprozentigem Alkohol, der dann dem gesüßten Wein beigegeben wird, sodass dieser am Ende einen Alkoholgehalt von 17 % vol hat. Zur verwendeten Kräutermischung gehören unter anderem Alpen-Wermut, Koriander, Ingwer, Kardamom, Bitterorange und Engelwurz. Auch über die verwendeten Basisweine verrät Specht nicht allzu viel. Wichtig sei vor allem der richtige Säuregehalt, lässt er jedoch wissen.

Der sehr helle BURSCHIK'S KLASSIK duftet nach feinen Kräutern, dazu gesellen sich angenehm süße Noten von Bananen. Am Gaumen ist er mild und süß mit feinen Vanille- und Zimtaromen. Er schmeckt ganz klassisch als Aperitif, lässt sich aber auch wunderbar mixen. Herber und dennoch von zurückhaltender Süße ist BURSCHIK'S DRY. Im Bouquet dominieren intensive Kräuternoten, am Gaumen gesellen sich Aromen von Veilchen und leicht bittere Zitrusnoten dazu. Diesen Wermut hat Specht ausdrücklich nicht nur zum puren Genuss – gerne auch einmal ohne Eis – und als Zutat für Cocktailklassiker wie den Martini komponiert, sondern auch zum Kochen: Verlangt ein Rezept die Beigabe von trockenem Weißwein, sorgt BURSCHIK'S DRY für eine besondere geschmackliche Note. BURSCHIK'S RED als jüngstes Familienmitglied ähnelt im Stil den italienischen Wermutklassikern. Seine rote Farbe verdankt er der Beigabe von Karamell, dessen leichte Bitternote durch eine intensivere Süße abgemildert wird. Er ist der perfekte Partner für klassische Cocktails wie den Negroni oder Manhattan. Pur genießt man ihn am besten auf Eis mit einem Stückchen Orange.

KLASSIK
WIEN
SEIT 1891

Buroschik's
VERMOUTH

MIT 19 AUSGEWÄHLTEN KRÄUTERN

16%vol   0,75Lℯ

CARPANO

MAILAND · ITALIEN

Der Unternehmensgründer Antonio Benedetto Carpano gilt allgemein als Erfinder des modernen, kommerziell vermarkteten Wermuts. Als der begeisterte Pflanzenkundler Mitte der 1780er-Jahre als Assistent in Diensten des Turiner Weinhändlers Marendazzo stand, experimentierte er so lange mit diversen Kräutern, Früchten und Hölzern, bis er auf Basis des in seiner Heimat weit verbreiteten Muskateller-Weins einen schmackhaften Gewürzwein entwickelt hatte, der bei der Kundschaft auf große Begeisterung stieß und sogar bei Herzog Viktor Amedeus III. von Savoyen Anklang fand.

Bald übernahm Carpano das Geschäft seines Arbeitgebers, und binnen Kurzem gab sich alles, was in Turin Rang und Namen hatte, in seinem Weinladen die Klinke in die Hand. Unter seinem Neffen firmierte das Unternehmen 1820 zur Fabbrica di Liquori e Vermouth Giuseppe Carpano um. Die folgenden Jahrzehnte, insbesondere die Zeit zwischen 1840 und 1888, markierten eine Phase beträchtlichen Wachstums. Als das Jahrhundert sich seinem Ende zuneigte und die Familie Carpano das Unternehmen bereits in dritter Generation leitete, erwies sich der kleine Weinladen im Zentrum von Turin endgültig als zu klein für die Herstellung des beliebten Aperitifs, und um 1900 entstand die erste Fabrik für die industrielle Wermutproduktion.

Nach den goldenen Jahren um den Jahrhundertwechsel begannen mit dem Ersten Weltkrieg und seinen Folgen auch für Carpano schwierige Zeiten, und 1939 übernahm der Turiner Industrielle Silvio Turati das Unternehmen. Ihm ist es zu verdanken, dass Carpano in die Werbegeschichte einging, denn er lancierte in den 1950er-Jahren diverse ausgesprochen erfolgreiche Plakatkampagnen, für die er viele renommierte Künstler gewinnen konnte, um das Turiner Traditionsgetränk endgültig

in der internationalen Barszene zu etablieren. In den folgenden Jahren baute das Unternehmen seine Präsenz auf den ausländischen Märkten weiter aus. 1982 kaufte die Fratelli Branca Distillerie 50 Prozent von Carpano auf, und seit 2001 ist die Marke gänzlich im Besitz des Mailänder Magenbitter-Produzenten.

Ungeachtet des Besitzerwechsels hält man bei Carpano an den Traditionen fest. International wohl beliebtestes Produkt ist der rote CARPANO ANTICA FORMULA VERMOUTH, der bis heute nach dem Originalrezept des Firmengründers hergestellt wird und Nase und Gaumen unter anderem mit den Aromen würziger Bergkräuter und fruchtigen Noten verwöhnt. Besonders gerühmt wird der auf Basis kräftiger süditalienischer Weißweine und Muskateller aus dem Piemont produzierte Gewürzwein für sein herrliches Vanillebouquet in Kombination mit Noten von Trockenobst, Sternanis, Datteln und Safran. Er schmeckt pur als Aperitif, ist aber auch ein ausgezeichneter Cocktailpartner.

Ein weiteres weltbekanntes Mitglied aus der Carpano-Familie ist der legendäre PUNT E MES, dessen Geburtsstunde das Unternehmen Carpano auf den 19. April 1870 datiert. An diesem Tag nämlich soll sich eine Gruppe Börsenmakler in Carpanos Weinbar in Turin eingefunden haben, um den Geschäftstag zu diskutieren. Im Verlauf des Gesprächs bestellte einer der Männer beim Barkeeper einen „Punt e Mes". Dieser Begriff stammt aus der Börsensprache und bedeutet „anderthalb Punkte". In diesem Fall allerdings ging es nicht um den Aktienkurs, sondern dem Gast war nach etwas Süßem – nämlich Wermut – im Verhältnis 2 zu 1 mit einem Bitter Gemixten zumute. Offensichtlich schmeckte diese Mischung sehr gut, denn schon bald etablierte sich in der Bar die Gewohnheit, den „Punt e Mes" per simpler Handgeste zu bestellen. Der hochgestreckte Daumen stand für den „Punt", die im Anschluss in die Luft gezeichnete Linie für „Mes". Pur getrunken, schmeckt der PUNT E MES zunächst süß mit deutlichem Orangenaroma, dann folgt seine charakteristische Bitternote, um in einen wiederum süßen Abgang zu münden. Viele Barkeeper schätzen die Turiner Spezialität auch als Cocktailbasis.

CASA MARIOL

BATEA · SPANIEN

Sitz der Marke Casa Mariol ist das kleine mittelalterliche Städtchen Batea in der katalanischen Provinz Tarragona. Gegründet wurde das Unternehmen 1945 von José María Vaquer, Spross einer Familie mit langer Tradition in der häuslichen Weinherstellung. Er professionalisierte die Geschäfte und erschloss für die Weine seines Familienunternehmens neue Märkte wie Barcelona und Reus. Im Laufe der Jahrzehnte wuchs Casa Mariol ständig weiter, und José María und seine Nachkommen entwickelten neue Produkte für das Sortiment. Mit der Jahrtausendwende nahm die Familie dann auch Märkte jenseits der spanischen Grenzen ins Visier und konnte sich als Anbieter von Qualitätsweinen zu erschwinglichen Preisen einen Namen machen. Seit der Umstellung des Verpackungsdesigns begeistert Casa Mariol nun nicht mehr nur Weinfreunde, sondern auch die Designwelt, und 2010 durfte die Casa Mariol die spanische Heimat gar auf der Weltausstellung in Schanghai vertreten.

Der VERMUT NEGRO bereichert das Sortiment des Unternehmens seit Beginn der 2010er-Jahre und genießt vor allem bei jungen Leuten und in Szenekneipen und -bars – auch wegen seines zeitgemäßen Erscheinungsbildes – einen herausragenden Ruf. Der Grundwein für den Aperitif ist zu 100 Prozent Macabeo, der auf ausgewählten Hefen bei niedrigen Temperaturen im Stahltank vergoren wird. Seine dunkelrote Farbe verdankt er der Beigabe von grünen Walnüssen, sein komplexes Aromaprofil schier unglaublichen 150 Botanicals. Die abschließende Reifung erfolgt im traditionellen Solera-System, wobei der Wermut maximal sechs Monate in den Holzfässern verbleibt. Das Bouquet des Spaniers wird dominiert von Kräuternoten, namentlich Rosmarin und Thymian, dazu gesellen sich Anklänge von Weihnachtsgewürzen, vor allem Zimt. Im Geschmack ist er angenehm frisch mit ausgewogener Säure. Das Finisch ist dezent bitter und wird durch milde Karamellnoten abgetönt.

CHAZALETTES & CO.

COCCONATO · ITALIEN

Die Geschichte der Familie Chazalettes ist eng mit der Geschichte Savoyens verbunden. Als nämlich das Herzogtum 1860 von den Franzosen annektiert wurde, siedelte die in Chambéry ansässige Familie nach Turin über, das mit der Vereinigung Italiens 1861 zur Landeshauptstadt wurde. Dort trat Vincente Chazalettes als technischer Direktor in den Dienst von Martini & Sola, später Martini & Rossi, wo er vermutlich alles lernte, was es seinerzeit über Wermut zu wissen galt. Weinkenner war er bereits seit seiner Tätigkeit in einer Weinkellerei in der Ardèche vor seiner Übersiedelung in das neu gegründete Königreich Italien.

1876 beschloss der inzwischen 40-jährige Chazalettes, sich mit eigener Produktion im Wermutgeschäft zu profilieren, und gründete in Turin das Unternehmen Cte. Chazalettes & Co. Premiata Fabbrica di Vermouth e Liquori. Und er muss seine Sache gut gemacht haben, denn schon bald

fanden seine Wermuts reichlich Anklang in der Turiner Gesellschaft – insbesondere bei der Damenwelt. Zu den Chazalettes-Fans gehörte auch Königin Margarethe von Italien, und sie gewährte dem Unternehmen 1907 das Privileg, das königliche Wappen auf dem Etikett zu führen. In den folgenden Jahren war Chazalettes weiterhin äußerst erfolgreich und eröffnete 1909 eine neue Fabrik im Norden Turins. In den 1910er- und 1920er-Jahren trat der Wermut von Chazalettes auch seinen internationalen Siegeszug an – Hauptabnehmer waren seinerzeit Süd- und Nordamerika mit Kanada, Frankreich und Deutschland. Nach reichlich Erfolg bis in die Jahrhundertmitte wurde die Produktion in den 1970er-Jahren eingestellt, und seit 2016 versucht der Firmenerbe Giovanni Chazalettes, ein neues Kapitel Wermutgeschichte aufzuschlagen.

Gegenwärtig positioniert er sich mit seinem VERMOUTH DELLA REGINA

und einem Extra Dry am Markt. Ersterer ist nach erwähnter Königin Margarethe benannt, die die Chazalettes zu Hoflieferanten ernannte. Seine Basis besteht – und das ist ungewöhnlich – aus Rotwein. Das Rezept geht auf den Firmengründer zurück und lockt nicht nur mit vertrauten Aromen wie Bohnenkraut und Majoran, sondern auch mit eher Exotischem wie Moschusmalve und Koriander.

CINZANO

MAILAND · ITALIEN

Neben Carpano ist Cinzano eine der großen historischen Marken der Wermutbranche und gilt, ganz ähnlich wie Martini, vielfach als Synonym für den Weinaperitif aus Italien. Der heute zur Campari-Gruppe gehörende Wermuthersteller kann in der Tat auf eine lange Tradition als Produzent von alkoholischen Getränken zurückblicken. Erstmals schriftliche Erwähnung fand 1568 ein gewisser Antonio Cinzano, der im Heiratsregister als „Produzent von Elixieren" benannt wird. Und in einem Dokument aus dem Jahr 1707 wird der Familie die königliche Erlaubnis erteilt, Schnaps zu brennen. Ebenfalls belegt ist, dass die Brüder Giovanni Giacomo und Carlo Stefano Cinzano 1757 offiziell zu Meister-Destillateuren erklärt wurden und eine kleine Brennerei nebst Laden in der Gemeinde Pecetto eröffneten. Ihr 1787 geborener Enkel Francesco Cinzano schließlich verlagerte das Unternehmen nach Turin, wo er 1816 ein Geschäft eröffnete, in dem er Schnäp-

se, Liköre und Wermut verkaufte. Mit diesem Umzug erfolgte auch eine erhebliche Expansion der Geschäftsaktivitäten, und die Wermutspezialitäten aus dem Hause Cinzano eroberten das gesamte Herzogtum Savoyen. Mitte des 19. Jahrhunderts konnte der Wermuthersteller neue Niederlassungen im piemontesischen Städtchen Santo Stefano Belbo sowie im französischen Chambéry eröffnen. Der Erwerb des königlichen Weingutes in Santa Vittoria d'Alba 1893 markierte den Beginn der industriellen Produktion des heute weltbekannten Wermuts.

Schon früh konnte Cinzano sich außerdem mit seinen diversen Werbekampagnen einen Namen machen. Bereits Mitte des 19. Jahrhunderts hatte man erkannt, dass auch das Erscheinungsbild des Produkts eine wichtige Rolle spielt, und die handgeschriebenen Flaschenetiketten zeitweise durch gedruckte, farbige Labels ersetzt. 1887 erschien die erste

Print-Anzeige für den Aperitif, und in den nachfolgenden Jahren wurde das Image der Marke insbesondere durch ihre Plakatkampagnen geprägt, die von so bekannten Grafikern wie Leonetto Cappiello gestaltet wurden, der als Begründer der modernen Plakatwerbung gilt. Ein ebenso spektakulärer wie wegweisender Marketing-Schachzug war der Abwurf von Cinzano-Werbeblättern über Mailand aus einem Flugzeug im Jahr 1911. Nach den auch für die Marke goldenen Zwanzigern und schweren Kriegs- und Nachkriegsjahren standen die Zeichen für Cinzano auf Expansion, und bereits Ende der 1950er-Jahre verfügte das Unternehmen über elf Niederlassungen in Europa, Australien und Südamerika. Ab den 1960er-Jahren nutzte Cinzano vor allem Radio, TV und Kino als Werbekanäle – so wurden zwischen 1957 und 1980 nicht weniger als 230 TV-Spots aufgenommen, die teilweise als Sternstunden der Werbung gelten und weiter zur internationalen Bekanntheit der Marke beitrugen. Nach den folgenden ruhigeren Jahren ging das Unternehmen 1999 schließlich in der italie-nischen Campari-Gruppe auf, und seit einem umfassenden Make-over 2010 prangt auf den Flaschen ein neues Logo.

Gegenwärtig umfasst die Wermutrange von Cinzano sechs Geschmacksrichtungen, wobei der milde CINZANO BIANCO mit seinem vollen Körper und den frischen Zitrusnoten in Kombination mit herr-

lichen Kräuternoten ganz oben auf der Beliebtheitsskala steht. Der dunkelrote CINZANO ROSSO lockt mit süßen Beerenaromen und angenehm bitterem Finish, der EXTRA DRY ist rund und frisch im Geschmack, der verspielte ROSÉ zeichnet sich durch Aromen von Zimt, Nelken und Vanille aus. Sonnig-mediterranen Lifestyle schließlich verkörpern mit den Geschmacksvarianten LIMETTO und ORANCIO die jüngsten Familienmitglieder im Standard-Sortiment. Hommage an die Cinzano-Gründer Giovanni Giacomo und Carlo Stefano ist der 2015 lancierte, auf Basis traditionsreicher handwerklicher Verfahren entwickelte und speziell für die Gastronomie erhältliche Premiumwermut CINZANO 1757 ROSSO, der vor allem für Barkeeper eine ideale Wahl ist.

COCCHI

COCCONATO · ITALIEN

Das Unternehmen Cocchi produziert seit 1891 nicht nur Wermut, sondern auch diverse andere aromatisierte Weine wie zum Beispiel den von Firmengründer Giulio Cocchi 1891 entwickelten und seitdem ununterbrochen produzierten Cocchi Americano oder den edlen Barolo Chinato.

Als junger Mann war Cocchi Konditor in einer äußerst populären Bar am Domplatz in Florenz. Ende des 19. Jahrhunderts siedelte er dann in das kleine Städtchen Asti im Piemont über, wo er sich für die lokalen kulinarischen Spezialitäten und den berühmten Wein begeisterte. 1891 begann er mit der Herstellung von Spirituosen und Schaumweinen und machte sich schon bald einen Namen mit seinen aromatisierten Weinen. Wer in Belle Epoque und Futurismus etwas auf sich hielt, trank Cocchi. So nimmt es nicht wunder, dass man bald fast überall auf der Welt Cocchi kaufen konnte.

Seit 1978 lenkt die Winzerfamilie Bava die Unternehmensgeschicke. Ihr ist es zu verdanken, dass sich in der Cocchi-Range auch wieder authentischer Vermouth di Torino findet. 2011 wurde anlässlich des 120-jährigen Firmenjubiläums der STORICO VERMOUTH DI TORINO nach Originalrezeptur neu aufgelegt und trägt seitdem zum internationalen Wermutboom bei. Seine rotbraune Farbe erhält dieser typisch italienische Wermut durch die Zugabe von Chinarinde, Rhabarber und karamellisierten Zucker. Sein feinherbes Aroma mit Noten von Zitrusfrüchten, Kräutern und Gewürzen wie Kampfer und Rosmarin harmoniert perfekt mit Anklängen von Sandelholz, Moschus, Myrthe und Muskatnuss. Am Gaumen ist er von dezenter Süße mit einem Hauch von Kakao und Bitterorange. Schmeckt natürlich pur, ist aber auch ein perfekter Partner für Cocktailklassiker wie Manhattan oder Negroni.

CONTRATTO

CANELLI · ITALIEN

Einst war Wermut nur ein Nebenprodukt des 1867 von Giuseppe Contratto gegründeten gleichnamigen Unternehmens, das sich Anfang des 20. Jahrhunderts vor allem einen Namen als Schaumwein-Produzent machte, 1919 den ersten italienischen Jahrgangssekt überhaupt ausbaute und diverse Königshäuser weltweit belieferte. Lagerung und Reifung der Weinspezialitäten von Contratto erfolgen nach wie vor in den inzwischen als UNESCO-Weltkulturerbe geadelten unterirdischen „Kathedralen von Canelli", die vielfach über zwei oder gar mehr Stockwerke in den Stein gehauen wurden und mit einer konstanten Temperatur von 12 bis 13 °C optimale Bedingungen für die Flaschengärung der berühmten Schaumweine bieten.

Irgendwann allerdings waren die goldenen Zeiten von Contratto vorüber, und nach 126 Jahren ging das Familienunternehmen 1993 in den Besitz des ebenfalls in Canelli ansässigen Grappa-Produzenten Carlo Bocchino über, der die historischen Weinkeller sowie das Firmengebäude mit großem Engagement und erheblichem finanziellen Aufwand restaurierte, um die Kellerei 2011 an den bekannten Winzer Giorgio Rivetti zu verkaufen. Und der entschied sich unter anderem, die in den 1960er-Jahren eingestellte Wermutproduktion wieder aufzunehmen.

Als Basis für die Aperitif-Spezialitäten dienen durchweg Weine aus dem Piemont, deren Weiterverarbeitung nach traditionellen Rezepturen erfolgt. So sind je nach Sorte bis zu 50 Botanicals für die Aromen der Wermuts verantwortlich. So umschmeichelt der milde CONTRATTO VERMOUTH BIANCO, der unter anderem mit Weißdorn, Koriander und Kamille aromatisiert wird, mit angenehmen floralen und Kräuternoten, während der körperreiche CONTRATTO VERMOUTH ROSSO mit komplexen, würzigen Aromen etwa von Lakritz, Zimt und Muskatnuss besticht.

DEL PROFESSORE

CASTELNUOVO DON BOSCO · ITALIEN

Mit Leonardo Leuci steht hinter der Marke Vermouth del Professore ein Mann, der als ausgebildeter Sommelier und ausgewiesener Cocktailspezialist weiß, was einen guten Wermut ausmacht. Für die Entwicklung und Produktion seiner Professore-Range hat sich der begeisterte Weltenbummler mit der renommierten Antica Distilleria Quaglia im piemontesischen Castelnuovo Don Bosco den perfekten Partner ins Boot geholt, denn mit ihrem hauseigenen Vermouth Berto beweist die 1890 gegründete Traditionsbrennerei eindrucksvoll, dass sie etwas von der Wermutherstellung versteht.

Die edlen Wermuts der Professore-Linie werden nur in geringer Stückzahl produziert und sind gegenwärtig die einzigen auf dem Markt, die ausschließlich aus italienischem Wein hergestellt werden. Die Basis für den eleganten, ausdrucksstarken VERMOUTH DEL PROFESSORE BIANCO bilden Weine der Appellation Moscato delle Langhe, die mithilfe von 13 verschiedenen Gewürzen aromatisiert und mit feinstem Zucker versetzt werden. So entsteht ein Wermut, der sich durch seinen kräftigen, ausgewogenen Körper auszeichnet und mit einem ausgeprägten, vielschichtigen Bouquet aufwartet, das die Nase nicht nur mit dezenten Kräuter- und Lakritznoten, sondern auch mit dem süßen Duft von Aprikosen, Rosinen und kandierten Früchten verwöhnt. Am Gaumen erlebt man die schon beschriebene Üppigkeit, dazu kommt eine feine Bitternote, gefolgt von einem intensiven Abgang mit delikater Süße.

Der VERMOUTH DEL PROFESSORE ROSSO lockt mit ziegelroter Farbe und kräftigem, ausgewogenem Duft. Zu dezenten Kräuternoten gesellt sich dank der Lagerung im Holzfass ein warmes Vanillearoma mit einem Anflug von Bitterorange. Im Mund ist der ROSSO rund und weich, seine angenehmen Bitternoten werden durch

eine dezente Süße abgetönt, dazu kommen balsamische Noten und ein Anflug von Menthol. Der rote Professore begeistert mit fein strukturierten Tanninen und überrascht im Nachhall mit Enzian- und Rhabarbernoten, die in ein intensives, dezent süßes Finish mit feinen Frucht- und Holzaromen münden. Komplettiert wird die Range durch den VERMOUTH DEL PROFESSORE VANIGLIA, der sein besonderes Aroma der Beigabe von Vanilleschoten und Zitrusschalen verdankt und am besten nur auf Eis, garniert mit einer Zitronenzeste, genossen werden sollte.

DOLIN

CHAMBÉRY · FRANKREICH

Der in Chambéry am Fuße der Savoyer Alpen produzierte Dolin steht wohl wie kaum eine andere Marke für die französische Wermuttradition. Die Geschichte der Maison Dolin begann im Jahr 1815, als Joseph Chavasse im savoyardischen Les Échelles eine Destillerie gründete und sich zunächst auf die Herstellung von Kräuterlikören und Absinth konzentrierte. 1821 folgte dann der erste, durch die Turiner Wermuttradition inspirierte Wermut. 1830 siedelte Chavasse nach Chambéry über und widmete sich ganz der Wermutproduktion. Dolin heißt das Unternehmen seit 1843, als seine Tochter Marie Rosalie Chavasse den aus Chambéry stammenden Louis-Ferdinand Dolin heiratete. 1919 ging Dolin dann in den Besitz der Familie Sevez über, die die Unternehmensgeschicke fortan lenkte.

Dolin ist heute einer der wenigen verbliebenen unabhängigen Wermutproduzenten in Frankreich und gilt als Erfinder des 1932 in den Rang einer AOC erhobenen Vermouth de Chambéry. Die Rezepturen für die Wermutspezialitäten werden selbstverständlich streng gehütet. Bekannt ist aber, dass stets ein leichter, möglichst neutraler Weißwein aufgespritet und mit reichlich Alpenkräutern aromatisiert wird. Der Weinanteil bei den fertigen Dolins beläuft sich auf ungewöhnlich hohe 75 bis 80 Prozent.

Flaggschiff der Dolin-Range ist der hellgrüne DOLIN VERMOUTH DRY mit seinem fruchtigen Bouquet, das von weinigen Noten und kräftigen Alpenkräutern dominiert wird. Im Geschmack ist er trocken, leicht und spritzig. Komplettiert wird die Wermutfamilie durch den ausgewogenen, dezent süßen BLANC und den bordeauxroten ROUGE, der süß duftet und dem Gaumen mit Aromen von Mandeln und Birnen sowie einem würzigen Tabakhauch schmeichelt. Eine besondere Spezialität des Hauses ist der mit Saft von wilden Erdbeeren versetzte CHAMBERYZETTE.

DOMINGO

LAS ROZAS DE MADRID · SPANIEN

Name und Aufmachung dieses Wermuts verraten – zumindest dem Spanienkundigen – sofort Konzept und Anliegen seiner Macher. „Domingo" bedeutet „Sonntag", und sonntags findet man sich in Spanien traditionell mit Familie und Freunden zusammen, um gemeinsam einen Aperitif zu trinken und in entspannter Atmosphäre in der Bar um die Ecke zu plaudern. Und diesen Tag – mit der entsprechenden Freizeitgestaltung –, so kann man auf der Flasche nachlesen, wollen die Erfinder des DOMINGO mit ihrem in handwerklicher Produktion hergestellten Wermut würdigen. Und weiter verspricht das Etikett: „Jeder Wochentag kann Sonntag sein. Pur oder mit Soda, Bendito Domingo." Überhaupt, das Etikett. Wie eine nachlässig auf den Bistrotisch geworfene Cocktailserviette klebt es schräg auf der Flasche, und sieht man genauer hin, kann man sogar die vertraute Textur erkennen. Dazu passt natürlich auch der abschließende Satz: „Gracias por su visita" – „Vielen Dank für Ihren Besuch".

Aber wichtiger noch ist selbstverständlich der Inhalt. Der DOMINGO ist ein klassischer roter Wermut im spanischen Stil, allerdings etwas weniger süß als der typische Spanier, dafür einen Hauch bitterer im Geschmack. Als Basis dient eine Auswahl hochwertiger Weine, die Aromen der Botanicals werden schonend kalt extrahiert. Über die konkrete Zusammensetzung der geschmackspendenden Kräuter, Blumen, Früchte und Wurzeln schweigen sich die Hersteller natürlich aus, doch wird zumindest verraten, dass Wermutkraut, Enzian, Holunder, Ingwer, Zimt und Orangenschalen tonangebend sind. Wer seine Gäste mit einem perfekten Sonntag überraschen will, serviert den DOMINGO kalt, auf Eis, im gekühlten Glas mit einigen Orangenzesten. Ebenfalls beinahe unwiderstehlich ist der Spanier in Cocktailklassikern wie dem Rodriguez, der auch Signature Drink der Marke ist.

DRAPÒ

TURIN · ITALIEN

Noch relativ jung an Jahren, aber ganz den Traditionen der Wermutherstellung in Turin verhaftet ist das Unternehmen Turin Vermouth, das von Giovanni Negro geführt wird. Der gebürtige Piemonteser hat mit seinem kleinen, aber feinen Betrieb sein Hobby zum Beruf gemacht. Bevor er sich mit seinem heute hoch dekorierten Aperitifwein an den Markt wagte, experimentierte er viele Jahre lang mit einer Vielzahl von Aromen und Kräutern, extrahierte, mazerierte und studierte alte, von Generation zu Generation tradierte Familienrezepte, bis er schließlich die perfekte Formel für seine Wermutspezialitäten gefunden hatte. Damals stellte er nur wenige Flaschen für Familie und Freunde her. Die zeigten sich begeistert und ermutigten Negro, professionell in die Produktion einzusteigen.

Während die Botanicals für die Wermuts, die unter der Marke Drapò vermarktet werden, aus 13 verschiedenen Ländern von fünf Kontinenten stammen, ist die Produktion in Turin beheimatet – damit ist Turin Vermouth der einzige noch in der Stadt ansässige Wermutproduzent. Drapò Vermouth ist in den drei klassischen Varianten BIANCO, ROSSO und DRY erhältlich. Für den Basiswein wird ein Moscato di Canelli ausgebaut, der im Piemont traditionell als beste Wahl für die Wermutproduktion gilt. Seine Aromen verdankt das Dreigestirn einer gewissenhaft zusammengestellten Auswahl an Kräutern, Früchten und Gewürzen, so zum Beispiel Wacholder und Wermutkraut aus Sardinien, Bitterholz aus Mittelamerika, Chinarinde aus Chile und Zimt, Bitterorangen und Apfelsinen aus Nordafrika sowie Vanille und Muskatnuss aus Madagaskar.

Der DRAPÒ BIANCO zeichnet sich im Duft besonders durch seine floralen Aromen aus, die wunderbar mit den sich ebenfalls andeutenden Kräuternoten harmonieren. Am Gaumen ist er angenehm süß und überrascht mit

komplexen Geschmacksnoten, die ihm eine bemerkenswerte Tiefe verleihen – pur auf Eis mit einem Schnitz Zitrone ein herrlicher Sommerdrink. Der DRAPÒ ROSSO steht mit seinen mild fruchtig-floralen Aromen und seinem intensiven Geschmack ganz in der Tradition der Turiner Wermutherstellung. Er schmeckt pur und macht auch im Cocktail eine ausgezeichnete Figur. Der DRAPÒ DRY schließlich ist herb-fruchtig und frisch, charakteristisch sind vor allem seine Aromen von Bitterorange und Florentiner Schwertlilie. Dieser trockene Wermut eignet sich besonders als Mixpartner für Cocktailklassiker und innovative Drinks.

EL BANDARRA

SANTA FE DEL PENEDÈS · SPANIEN

El Bandarra ist der Wermut des Projekts „Democratic Wines". Dahinter verbirgt sich ein Zusammenschluss von Winzern aus der spanischen Rioja, die es sich zur Aufgabe gemacht haben, dem Wein sein elitäres Image zu nehmen und ihn als Getränk für jedermann und jede Gelegenheit zu etablieren. Initiiert wurde die Bewegung von den Zwillingsbrüdern Àlex und Albert Virgili, die das bereits 1878 gegründete Weingut Casa Berger in dritter Familiengeneration leiten, in Kooperation mit der Bodega Vintae de La Rioja, einem Winzerzusammenschluss, der Wein in fünf spanischen Herkunftsregionen produziert. Gemeinsam versuchen sie, mit innovativem Produkt- und Verpackungsdesign neue Zielgruppen zu erreichen und dem Bier seinen Rang als Freizeitgetränk Nummer eins wieder abzulaufen. Wein, so ihre Überzeugung, ist weit mehr als idealer Begleiter zu erlesenen Speisen. Die kreativen Köpfe von „Democratic Wines" halten es nicht nur für möglich, sondern wünschenswert, dass man Wein in Disco oder Club trinkt, bei sommerlichen Temperaturen auf Eis genießt oder mit Tonic Water mischt. Auch der Ausschank aus dem Hahn ist für sie alles andere als ein Tabu.

Dass zur Familie von „Democratic Wines" auch ein Wermut gehört, ist wohl auch der Vorliebe von Àlex und Albert Virgili für diesen traditionellen Aperitif geschuldet. Als Vorlage für den EL BANDARRA diente der Wermut, wie ihn Vater und Onkel bereits auf Märkten und in Bars der Region vom Hahn ausschenkten. Der Grundwein besteht zu gleichen Teilen aus weißem Xarel·lo und rotem Macabeo. Aromatisiert wird mit Extrakten von 50 verschiedenen Botanicals, darunter Nelke, Zimt, Vanille, Kardamom und Bitterorange. Sein ausgewogenes Profil verdankt dieser angenehm frische rote Wermut unter anderem seinen ein bis zwei Monaten Lagerung im Eichenfass.

ESPINALER

VILASSAR DE MAR · SPANIEN

Ein Wermut mit Familientradition ist der spanische Espinaler. Begonnen hat alles 1896, als Miquel Riera y Prat eine typisch mediterrane, kleine Taverne im katalanischen Städtchen Vilassar de Mar in der Provinz Barcelona eröffnete, die seit 1907 auch Tabakwaren verkaufen durfte. 1930 übernahm seine Tochter das Ruder und lenkte das kleine Unternehmen mit sicherer Hand durch die schweren Zeiten des spanischen Bürgerkriegs. Die Wermutproduktion unter dem Namen Espinaler begann in den 1940er-Jahren, als Gründer-Enkel Joan Tapias y Riera die Geschäfte übernahm. Er war es auch, der die Produktpalette von Espinaler im Laufe der Zeit um allerlei kulinarische Spezialitäten in konservierter Form erweiterte, zum Beispiel diverse Muschelarten und Thunfisch. Seine Frau schließlich kreierte aus Essig, Paprikapulver, schwarzem Pfeffer und einer wohlkomponierten Gewürzauswahl die inzwischen legendäre „Salsa Espinaler", die man in Spanien vor allem zu Fisch und Meeresfrüchten schätzt. In den 1970er-Jahren stieß Miquel Tapias Roldós als Vertreter der vierten Familiengeneration die spanienweite Vermarktung der Spezialitäten von Espinaler an, und seit 2012 sorgen mit David und Miki Tapias zwei Ururenkel von Miquel Riera y Prat dafür, dass die Marke europaweit und auch in Asien ihren Weg in die Supermarktregale findet.

Und die Taverne, mit der der Firmengründer vor über 120 Jahren das Fundament für den Erfolg der Marke Espinaler legte, gibt es heute noch. Dort und in den beiden Espinaler-Lagerhäusern mit Taverne und Feinkost-Shop kann man sich natürlich auch mit einem Gläschen Wermut verwöhnen lassen. Der rubinrote VERMUT ROJO verdankt seine Aromen unter anderem dem Diptam-Dost, einem auf Kreta wachsenden Kraut, das in Geruch und Geschmack dem Wilden Majoran ähnelt, sowie dem Gemeinen

Wermut. Er ist süß im Geschmack und verwöhnt den Gaumen mit frischen Minz- und Oreganonoten sowie einem Hauch Karamell. Der VERMUT BLANCO kommt frisch und aromatisch daher, im Geschmack dominieren Minze, Vanille und Saf-

ran. Der VERMUT RESERVA verdankt seinen wunderbaren Duft und sein herrliches Aroma mit Röstnoten und einem Hauch von Madeira über 50 verschiedenen Botanicals und seiner sechs Monate während Lagerung im Barriquefass.

FERDINAND'S

SAARBRÜCKEN · DEUTSCHLAND

Das Saarland ist vielleicht nicht das Epizentrum des noch recht jungen Wermuttrends. Dass es in diesem Kontext dennoch von sich reden macht, ist der Marke Ferdinand's zu verdanken, hinter der mit Dorothee Zilliken vom Weingut Forstmeister Geltz-Zilliken, Andreas Vallendar, dem Kopf der Avadis Distillery, und Denis S. Reinhardt vom Vertrieb Capulet & Montague ein starkes und innovationsfreudiges Team steht. Dass die drei ihr Geschäft verstehen, haben sie bereits mit ihrem sehr erfolgreichen Gin und der nachfolgenden Einführung verschiedener passender Produkte wie zum Beispiel diversen Cocktailbitters bewiesen. Die Lancierung eines eigenen Wermuts war da letztlich eine beinahe logische Konsequenz, ist er doch in vielen Cocktailklassikern ein unverzichtbarer Partner für den Gin – man denke nur an den Martini.

Und Ferdinand's wäre nicht Ferdinand's, hätten die Jung-Unternehmer von der Saar sich nicht auch für ihren Wermut etwas ganz Besonderes einfallen lassen und den ersten Riesling-Vermouth überhaupt entwickelt. Als Basis dient die große Südsteillage Saarburger Rausch, wo die Reben bis zu zehn Meter tief im Fels wurzeln und dem Riesling so zu seiner charakteristischen Mineralität verhelfen. Dazu gesellen sich die Bitteraromen des Wermutkrauts, und für die floralen und würzigen Geschmackskomponenten sorgen regionale Kräuter und Blüten.

Gegenwärtig finden sich zwei Wermuts im Sortiment von Ferdinand's. Selbstverständlich hütet man die Rezeptur für die Spezialitäten auch an der Saar wie einen Augapfel. Verraten wird allerdings, dass neben dem Spitzenriesling insgesamt zwölf Botanicals den unverwechselbaren Geschmack der beiden weißen Wermutweine ausmachen, namentlich benannt werden Wermutkraut, Weinberglauch und Liebstöckl.

Der FERDINAND'S SAAR DRY VER-
MOUTH kitzelt die Nase mit floralen
und herbalen Noten, im Geschmack
ist er sehr dicht mit einem ausgewogenen Verhältnis von Süße und Bitteraromen, im Abgang dominieren
herbe Grapefruitnoten – ein perfek-

ter Partner im Martini. Der FERDI-
NAND'S SAAR WHITE VERMOUTH verdankt sein ausgewogenes Verhältnis
zwischen fruchtiger Rieslingsäure
und botanischen Aromen seiner
Reifung im Mosel-Fuderfass aus
deutscher Eiche.

FERNANDO DE CASTILLA

JEREZ DE LA FRONTERA · SPANIEN

Dieser edle Wermut stammt aus den renommierten Bodegas Rey Fernando de Castilla im andalusischen Jerez de la Frontera, deren Name auf König Ferdinand III. von Kastilien und León zurückgeht, der im 13. Jahrhundert

weite Teile der iberischen Halbinsel von den Mauren zurückeroberte und – was für die Wermutproduktion

wohl noch entscheidender ist – das Potenzial des andalusischen Terroirs für den Weinbau erkannte. Die Geschichte der Kellerei begann mit der Familie Andrada-Vanderwilde, die bereits seit 200 Jahren Weine für den Ausbau der berühmten Sherry-Spezialitäten der Region produziert. 1972 rief dann D. Fernando Andrada-Vanderwilde die Marke Fernando de Castilla ins Leben, um unter diesem Namen zunächst seinen sehr anspruchsvollen Brandy herzustellen und zu vertreiben.

Inzwischen umfasst die Range der Marke neben diversen Brandys eine Vielzahl von Sherrys sowie einige Essigspezialitäten und – last but not least – eine Auswahl an Aperitifen, zu denen auch der hochwertige VERMUT FERNANDO DE CASTILLA gehört. Die Basis für den Wermutwein aus Andalusien bilden die besten Sherrys der Kellerei, die mindestens acht Jahre Fassreifung hinter sich haben. Insgesamt 27 Botanicals, darunter Wer-

mutkraut, Orangen- und Zitronenschale sowie Nelken, sorgen für die
charakteristischen Aromen, die während der mehrere Monate währenden
Mazeration in Sherry-Fässern der Bodega auf den Basiswein übergehen.
Aufgespritet wird selbstverständlich
mit Brandy.

Auf diesem Wege entsteht ein dunkelroter Wermut, der die Nase mit Zi-
trus- und Kräuternoten in Kombination mit einem Anflug von reifem
Sherry verwöhnt. Am Gaumen überzeugt er durch ein ausgewogenes
Verhältnis zwischen Süße und Bitterkeit, der Abgang ist sehr weich. In seiner südspanischen Heimat genießt
man den VERMUT FERNANDO DE
CASTILLA am liebsten pur auf reichlich Eis, garniert mit einer Orangenzeste. Besonders gut schmeckt er zu
Salzmandeln und Tapas.

GAUMENGUT

WILDON · ÖSTERREICH

Als steirisches Pendant zum Martini Bianco bezeichnet das Ehepaar Kumpusch seinen Wermut made in Austria. Dass die beiden heute unter dem Label Gaumengut nicht nur kulinarische Spezialitäten, sondern auch einen Aperitifwein im Stile eines italienischen Wermuts herstellen und vertreiben, ist eigentlich dem Zufall zu verdanken. Von 2005 bis 2008 nämlich führte das Paar ein Restaurant in Gamlitz in der Steiermark, wo bis heute viele Häuser ihren eigenen Wermut produzieren. Diese Tradition machte die Eheleute neugierig, und sie beschlossen, sich ebenfalls in der Wermutherstellung zu versuchen. Also besorgten sie sich die notwendigen Zutaten und setzten ihren ersten Wermut im heimischen Keller an. Nachdem der Freundeskreis das Ergebnis getestet und für gut befunden hatte, kam der Wermut auf die Getränkekarte des Restaurants. Mit der Zeit wurde diese Spezialität des Hauses so beliebt, dass die Nachfrage auch

dann noch anhielt, als die beiden das Gasthaus in Gamlitz längst aufgegeben hatten.

So entstand der Entschluss, die Wermutherstellung unter einem eigenen Label, nämlich Gaumengut, zu professionalisieren. Inzwischen wird der Aperitifwein bei einem Winzer produziert. Als Basis dient ein trockener südsteirischer Weißwein, dessen Hauptbestandteil Welschriesling ist. Der wird mit Wermutkraut, Zitronenschalen, Zimt, Zucker und Nelken angesetzt und anschließend mit Weinbrand aufgespritet.

In Duft und Geschmack wird der unter Fachleuten als ausgesprochen elegant und mild geltende GAUMENGUT WERMUT von frischen Zitrus- und Gewürzaromen dominiert. Als Aperitif überzeugt er vor allem gekühlt, serviert auf Eis mit einer Zitronenzeste, und auch für allerlei Cocktailspezialitäten ist der eher süße Wermut ein ausgezeichneter Partner.

GENTS

ZÜRICH · SCHWEIZ

Erstes – und noch dazu äußerst erfolgreiches – Produkt der noch jungen Schweizer Marke Gents, hinter der der ehemalige Journalist Georg Hildebrandt steht, war 2012 ein Tonic Water, später folgten Bitter Lemon und Ginger Ale. 2016 gesellte sich dann – neben dem Ginger Brew – der VERMOUTH DE GENTS dazu. Die Idee zu diesem neuen Produkt kam Hildebrandt, der vor seinem Wechsel in die Genussbranche Chefredakteur der Schweizer Architektur- und Designzeitschrift *Das Ideale Heim* war, bei einem Aufenthalt in Barcelona. Dort kostete er in verschiedenen Bars den in kleinen Mengen hausgemachten und vom Fass verkauften Wermut und befand, dass sich ein Wermut wunderbar in sein Sortiment fügen würde.

Also machte er sich an die Arbeit. Am Anfang stand die Komposition des Rezepts, dessen Grundlage er schließlich in einer Kräutermischung des deutschen Chemikers Gustav Heinrich Wilhelm Eugen Dieterich

fand, der als einer der Pioniere der pharmazeutischen Industrie gilt. Dessen Kräutertrank allerdings war so bitter, dass er pur kaum genießbar war. Abhilfe schaffte Hildebrandt, indem er als Weinbasis nicht nur einen Pinot noir von der Zürcher Goldküste, sondern mit dem Madère auch einen südfranzösischen Süßwein wählte, der so viel Zucker enthält, dass er auf die Beigabe von Industriezucker gänzlich verzichten kann. Aromatisiert wird der VERMOUTH DE GENTS unter anderem mit Wermutkraut und Moschus-Schafgarbe aus der Schweiz, Galanga und Ingwer aus den Tropen und Bittermandelöl aus Spanien.

So landet schließlich ein charakterstarker Wermut in der von Hildebrandts Partnerin Nina Thoenen designten Flasche. Der „Swiss Roots & Herbs Wine", wie es auf dem Etikett heißt, verbindet Alpines – nämlich die herben Bergkräuter – mit Mediterranem, verkörpert durch den

Madère aus dem Languedoc. Der VERMOUTH DE GENTS, der bei Zweifel Weine im schweizerischen Höngg hergestellt wird, duftet dezent nach Bitterschokolade, zu der sich am Gaumen leicht medizinische Noten gesellen. Wer den Wermut von Gents pur trinkt, gibt ein Stückchen Zitrone zu. Als Cocktailpartner macht er sich im Negroni besonders gut.

GONZÁLEZ BYASS

JEREZ DE LA FRONTERA · SPANIEN

Die Wurzeln des spanischen Weinunternehmens González Byass reichen bis in das Jahr 1835 zurück, als Manuel María González Ángel sich mit der fachlichen Unterstützung seines Onkels José Ángel de la Peña, genannt Tío Pepe, im Sherry-Business selbstständig machte. Die Geschäfte liefen ausgezeichnet, und keine zehn Jahre nach der Unternehmensgründung schloss sich Manuel María González mit seinem englischen Agenten Robert Blake Byass zu González Byass zusammen. Nach mehr als 140 gemeinsamen Jahren zog sich die Familie Byass 1988 aus den Geschäften zurück, und seitdem lenken die Nachfahren von Manuel María González die Geschicke wieder allein. Im Laufe der vergangenen Jahrzehnte hat sich das Portfolio von González Byass erheblich erweitert, und zur „Weinfamilie" des Unternehmens gehören neben den traditionellen Weinen aus Jerez inzwischen die besten Tropfen aus Spaniens bekanntesten Weinregionen.

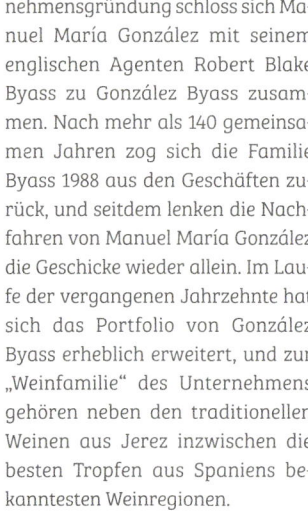

Dass zur Range des Unternehmens heute ein nach einem Rezept von 1896 produzierter Wermut gehört, ist unter anderem dem mit größter Sorgfalt geführten Unternehmensarchiv zu verdanken. Im 19. Jahrhundert nämlich war González Byass schon einmal mit einem Wermut am

Markt vertreten, und mag der auch aus den Regalen des Einzelhandels verschwunden sein: Das Rezept lag, ebenso wie das Etikett, sicher verwahrt im Unternehmen. Zusammen machten sie den Relaunch des VERMOUTH LA COPA in einst bekannter Form möglich.

Als Basis für den LA COPA dienen die beiden süßen Sherry-Sorten Oloroso und Pedro Ximénez, die über acht Jahre im dynamischen Solera-Verfahren lagern, bevor sie miteinander vermählt und mit Botanicals wie Wermutkraut, Gewürznelken, Orangenschale, Bohnenkraut, Muskatnuss, Zimt, Engelwurz und Chinarinde versetzt werden. Im Bouquet verleihen sie dem LA COPA herrlich würzige Aromen mit Akzenten von Zimt und Nelken. Dem Gaumen schmeichelt er durch seine eleganten, mildwürzigen Noten, um in einem bitteren Finish mit charakteristischen Sherry-Noten zu enden.

GOTANO

SUHL · DEUTSCHLAND

Eine bewegte Geschichte, die eng mit der jüngeren deutschen Vergangenheit verwoben ist, hat der Wermut der Marke Gotano hinter sich, die vor allem in den neuen Bundesländern ein Begriff ist. Ihre Wurzeln liegen im thüringischen Gotha, wo die 1926 gegründete Handelsagentur Fritz Köllner ansässig war. Das Unternehmen importierte seinerzeit kulinarische Spezialitäten und Weine aus Italien. Mit der Machtergreifung der Nationalsozialisten, die das Ende für die Einfuhr von Delikatessen aus dem Ausland bedeutete, begann man bei Köllner, in Kooperation mit einem italienischen Unternehmen selbst Wermut herzustellen. Die Produktion musste allerdings 1943 kriegsbedingt eingestellt werden. Nach Kriegsende wurde der Betrieb durch die sowjetische Besatzungsmacht aufrechterhalten und 1952 endgültig enteignet. In den ersten Jahren kamen aus dem VEB (K) Spirituosenfabrik Gotha vor allem Spirituosen, Wermut wurde erst 1959

wieder abgefüllt. Verkauft wurde der Aperitif ab 1962 als Gotha-Wermut, danach als Gothano und schließlich als Gotano. Nach der Wiedervereinigung und Reprivatisierung führten zunächst Nachkommen des Firmengründers Fritz Köllner die Geschäfte, nach der Insolvenz des Unternehmens 2009 erwarb der heutige Besitzer die Marke.

Die Herstellung der Gotano-Wermuts erfolgt bei einem Kooperationspartner. Als Basis für den VERMOUTH BIANCO TROCKEN dienen trockene Weißweine, die mit traditionellen Wermutkräutern aromatisiert für eine dezente Bitternote sorgen. Etwas süßer kommt der VERMOUTH BIANCO ZARTBITTER daher. Als Basis für die roten Gotano-Sorten dienen, anders als bei den italienischen Vorbildern, rote Grundweine. Der VERMOUTH ROSSO BITTER ist bei leichter Bitternote recht süß, der VERMOUTH ROSSO ZARTBITTER schmeckt noch etwas lieblicher.

GUERRA

CASABELO · SPANIEN

Die Bodega Guerra gehört zu den ältesten noch existierenden Kellereien Spaniens. Gegründet wurde sie 1879 von Antonio Guerra. Der gelernte Pharmazeut war einer der ersten, die das Potenzial der Weinbauregion Bierza erkannten, und setzte von Beginn an auf moderne Technologien. Und er war nicht nur in Sachen Weinbau ein Fachmann, sondern verstand es außerdem aufs Beste, seine Weine zu vermarkten. Auch im 20. Jahrhundert profilierte sich das nach wie vor in Familienhand befindliche Unternehmen durch seine geschickten Werbestrategien und eroberte Märkte im In- und Ausland. 1963 schloss sich die am Jakobsweg gelegene Bodega mit anderen Bodegas zur Kooperative Vinos del Bierzo zusammen. Seit 1988 verfügt das Weinbaugebiet Bierzo über eine Herkunftsbezeichnung, und 40 Prozent der Weine der Appellation tragen das Label Guerra.

Die Rezepturen für die beiden Guerra-Wermuts datieren aus dem beginnenden 20. Jahrhundert. Sie wurden bis in die 1960er-Jahre produziert, um dann vorübergehend aus dem Sortiment zu verschwinden. Heute werden sie wieder nach bewährtem Rezept hergestellt. Als Weinbasis dienen autochthone Rebsorten aus der Appellation, aromatisiert wird mit mehreren Dutzend Botanicals, darunter Wermut, Schafskraut, Sternanis, Bitterorangenschalen und Zimt. Die Reifung erfolgt im Solera-Verfahren aus der Sherry-Herstellung: Es werden mehrere Fassreihen übereinandergestapelt. Der zum Verkauf bestimmte Wermut wird der untersten Reihe, der sogenannten Solera, entnommen, und die fehlende Menge wird aus den darüberliegenden Reihen aufgefüllt. Auf diese Weise erhält man sehr homogenen Wermutwein von konstanter Qualität.

Der weiße VERMOUTH GUERRA BLANCO RESERVA verwöhnt die Nase mit Blüten- und Kräuteraromen mit dezenter Holznote, außerdem duftet er

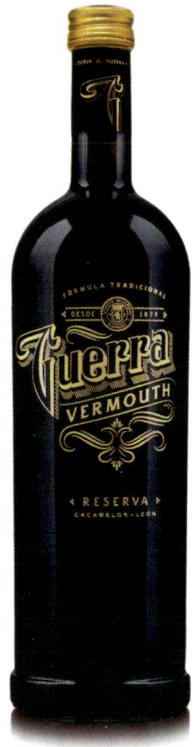

nach Muskatnuss, Kaffee, Zimt und Zitrusfrüchten. Am Gaumen ist er krisp und strukturiert mit deutlichen Weinaromen, dazu gesellt sich eine angenehme Süße mit den typischen Bitternoten des Wermuts. Der dunkelrote, herrlich süße, dichte und

frische Vermouth Guerra Rojo Reserva kitzelt die Nase mit Röstaromen in Kombination mit Frucht- und Gewürznoten, dazu kommen herbale Einsprengsel von Fenchel, Rosmarin, Lakritz, Vanille, Zimt und Orangenschale.

LACUESTA

HARO · SPANIEN

Heimat der Weine und damit auch des Wermuts der seit 1895 bestehenden Bodegas Martínez Lacuesta ist die berühmte spanische Weinbauregion Rioja. Deren Potenzial erkannte der seinerzeit erst 21-jährige Gründer und Namensgeber des Unternehmens, Félix Martínez Lacuesta, bereits sehr früh und vermerkte auf seiner Preisliste Ende des 19. Jahrhunderts schon die Herkunftsregion seiner Weine, also lange bevor das Weinbaugebiet 1926 offiziell zur Herkunftsbezeichnung wurde.

Die Geburtsstunde des Wermuts aus der Traditionsbodega war das Jahr 1937. Seinerzeit wurde der Aperitif aus Qualitätsweinen der Region noch von Hand hergestellt. Inzwischen hat man die Produktion zwar umfänglich modernisiert, doch das Rezept ist unverändert geblieben. Sein Geheimnis liegt in der Conzia, dem Extrakt für die Herstellung des Lacuesta-Wermuts. Entwickelt wurde diese von einem Katalanen namens José María Jové, der

die Formel an die Bodega verkaufte. Heute gehören zum Lacuesta-Wermutsortiment neben dem VERMUT ROJO der ersten Stunde noch der VERMUT BLANCO sowie drei Reservas, deren Geschmacksprofil durch ihre mehrmonatige Lagerung im Barriquefass nachhaltig geprägt wird.

Der rote Klassiker beginnt am Gaumen mit angenehmer Süße, gefolgt von weiniger Säure, um dann mit einer prononcierten Bitternote zu enden. Zu verdanken ist das Botanicals wie Bitterorange, Majoran, Zimt, Lavendel und natürlich Wermut. Für den VERMUT RESERVA ROBLE FRANCÉS wird der Lacuesta-Wermut noch sieben Monate in medium getoasteten, neuen französischen Eichenfässern ausgebaut. So entsteht ein sehr aromatischer Wermut, dessen Röstnoten perfekt mit seinen Kräuteraromen harmonieren. Der im nur leicht getoasteten Akazienfass gereifte VERMUT RESERVA ACACIA entwickelt nach bis zu zwölf Monaten Lagerung

ein deutliches Bitterorangen-Bouquet und verwöhnt den Gaumen mit Aromen von dunkler Schokolade. Insgesamt ein süßer Wermut mit dezenten Bitternoten, der auch zum Schokoladendessert schmeckt. Edels-tes Mitglied der Lacuesta-Wermut-familie ist der VERMUT RESERVA EDI-CIÓN LIMITADA, der nach 14 Monaten Reifezeit im französischen Barrique-fass prägnante Röst- und Bitterno-ten entwickelt.

LA QUINTINYE

MERPINS · FRANKREICH

Anders als es das Etikett mit der Fleur de Lys, dem Symbol der französischen Könige, und den botanischen Zeichnungen im Stil des 16. Jahrhunderts vermuten lassen könnte, ist der La Quintinye Vermouth Royal noch ein sehr junges Produkt. Entwickelt wurde er von dem Önologen und Master-Distiller Jean-Sébastien Robicquet, der die Geschicke des französischen Spirituosenkonzerns Maison Villevert lenkt. Seinen Namen verdankt der in edlem Gewand daherkommende Wermut dem berühmten Botaniker Jean-Baptiste de La Quintinye, der einst den berühmten Küchengarten von Schloss Versailles anlegte und für dieses Werk von Sonnenkönig Ludwig XIV. gar geadelt wurde. Seine Heimat war die Charente, königliches Weinbaugebiet und Wiege des Pineau des Charentes, dem aus Cognac und Traubensaft hergestellten, im Eichenfass gereiften Likörwein, der bevorzugt als Aperitif genossen wird.

Diese regionale Spezialität wählte Jean-Sébastien Robicquet neben weiteren edlen Weinen aus dem französischen Südwesten als Grundlage für seinen innovativen Wermut. Aromatisiert werden die gegenwärtig produzierten drei La-Quintinye-Varianten mit insgesamt 37 verschiedenen Botanicals, wobei zwölf der gesamten Familie gemein sind, darunter Wermutkraut, Engelwurz, Ingwer, Chinarinde, Iriswurzel, Kardamom und schließlich die kostbare Weinblüte.

Der LA QUINTINYE EXTRA DRY besteht aus edlen Weißweinen und weißem Pineau des Charentes. Sein Geheimnis liegt in einer Komposition aus 27 Botanicals, die in der Nase für Noten von Zitrusfrüchten, Anis und Lakritz sorgen, zu denen sich reichlich florale und würzige Akzente gesellen. Und die machen sich auch am Gaumen bemerkbar, dazu schmeckt man deutlich den Pineau und eine nuancierte Bitternote. Der BLANC ist im Bouquet frisch, blumig und zitronig mit ein-

deutiger Pineau-Note. Am Gaumen entwickelt er sich zu einem süß-fruchtigen Erlebnis mit typisch bitterem Wermutgeschmack. Der ROUGE schließlich wird mit rotem Pineau des Charentes hergestellt und riecht intensiv nach Lakritz, Pflaume und Vanille, dazu Schokolade und Toffee. Am Gaumen zeigt er sich vollmundig und intensiv und ist mit Noten von Karamell und gerösteter Vanille von wärmender, bitterer Würzigkeit.

MACCHIA

LOIRI · ITALIEN

Bereits eine feste Größe in der Riege der jungen Wermuts ist der MACCHIA VERMOUTH MEDITERRANEO. Komponiert hat ihn Emilio Rocchino, seines Zeichens Barmanager in der süditalienischen Hafenstadt Salerno. Ihm ist es gelungen, mit seiner recht außergewöhnlichen Kreation die piemontesischen Wermuttraditionen mit den Geschmackswelten des Mittelmeerraumes zu verbinden. Ein wichtiger Bestandteil seiner Kreation sind nämlich die Beeren des immergrünen Myrtestrauchs, die man auf Sardinien von alters her zum Süßen von Weinen und vor allem als Grundzutat für den inseltypischen Mirto verwendet. Dieser Likör ist in einer roten Variante zu haben, die Aroma und Farbe den Beeren des Myrtestrauchs verdankt, während für die weiße Sorte dessen Blätter und Blüten verarbeitet werden. Dass Rocchino gerade Myrte als zentralen Geschmacksstoff für seinen Wermut gewählt hat, ist kein Zufall: Denn während seiner Zeit als Barkeeper auf Sardinien hatte er reichlich Gelegenheit, sowohl die gastronomischen Spezialitäten der Insel als auch ihre Pflanzenwelt ausgiebig zu studieren.

Die Herstellung des MACCHIA VERMOUTH MEDITERRANEO erfolgt in der renommierten Antica Distilleria Quaglia in Castelnuovo Don Bosco. Die Basis für Rocchinos Kreation ist Weißwein aus aromatischen piemontesischen Trauben, gesüßt mit Rohrzucker und aromatisiert mit Kräutern, Gewürzen und dunkelblauen sardischen Myrtebeeren. Das Ergebnis ist ein feinherber Wermut, dessen Bouquet mit Zitronen- und Vanillenoten besticht. Am Gaumen zeigt er sich komplex und ausgewogen, und zwischen würzigen Kräuternoten mit einem Hauch von Vanille schmeckt man schön das typische Aroma der Myrte heraus. Ein charaktervoller roter Wermut, der sich ausgezeichnet als Aperitif eignet und auch als Cocktailpartner glänzt.

MAIN VERMOUTH

GROSSKROTZENBURG · DEUTSCHLAND

Main Vermouth ist ein Schmuckstück aus der Kollektion der Destillerie „Appelsche – Edelbrände und mehr", deren Geschichte mit einer beachtlichen Menge Steinobst begann. Die nämlich hatte der Baumbestand im Garten von Andreas Peschel produziert, und als schon mehr als 50 Gläser Marmelade gekocht waren, fragte sich das Ehepaar Peschel, was man denn nun mit dem Rest anstellen wolle. Edelbrände, war seinerzeit die Antwort.

Also machten die beiden sich an die Arbeit, experimentierten, probierten, verbesserten. Als Basismaterial diente schon bald nicht mehr allein die Ernte aus heimischem Garten, sondern auch noch der Ertrag der in Vergessenheit geratenen Streuobstwiesen der Familie, die die beiden mit viel Mühe in eine gepflegte Obstplantage verwandelten. Irgendwann waren die Peschels dann zufrieden mit den Ergebnissen, und ihr Eindruck wurde von unabhängiger Sei-

te bestätigt: Alle Edelbrände, die sie auf Wettbewerben vorstellten, wurden auch prämiert. Doch statt sich auf den Lorbeeren auszuruhen, machten sich die ehemaligen Hobbydestillateure auf zu neuen Ufern und erweiterten das Sortiment der Appelschen um weitere Produkte, zu denen neben diversen Likörspezialitäten in der Reihe Main Classic auch ein Main Gin und eine eigene Wermutlinie mit gleich drei Spezialitäten gehören.

Basis für den sonnig-gelben MAIN VERMOUTH BIANCO ist Muskateller vom Weingut Bohnenstiel im pfälzischen Herxheim am Berg, seine Aromen verdankt er rund 30 Botanicals sowie der Beigabe verschiedener hauseigener Destillate. Sein Duft erinnert an Südfrüchte und Ingwer, gepaart mit würzigen Akzenten. Am Gaumen ist er fruchtig mit angenehmer Säure, das Finish überzeugt mit dezenter Bitternote. Grundwein für den MAIN VERMOUTH ROSATO ist eine

Cuvée aus Rot- und Weißwein, die mit Aromen von Weinbergpfirsich, roter Johannisbeere, kandierten Früchten sowie einer pfeffrig-herben Bitterkeit „gute Laune macht", wie Peschel betont. Der MAIN VERMOUTH ROSSO schließlich erinnert mit Aromen von Bitterschokolade und Tabak in Kombination mit delikaten Bitterkräutern und der angenehmen Süße dunkler Früchte an den italienischen Wermutstil.

MANCINO

CANELLI · ITALIEN

Vater dieser Wermutlinie ist der italienische Barkeeper und Geschäftsmann Giancarlo Mancino, der als feste Größe der internationalen Barszene gilt. Die Idee, einen Wermut zu entwickeln, kam ihm nach eigener Aussage 2010, zwei Jahre später stellte er seine Kreation dann erstmals auf einer Messe vor.

Die Produktion der Mancino-Wermuts erfolgt in einem kleinen Familienbetrieb im Piemont nach traditionellem Verfahren, allerdings nicht auf Moscato-Basis, sondern mit Trebbiano di Romagna. Die insgesamt über 40 Botanicals für seine Wermuts hat Mancino bei seinen Reisen um die Welt in Indien, Thailand, Vietnam, England und natürlich Italien selbst zusammengetragen.

Das Mancino-Sortiment umfasst fünf unterschiedliche Wermutsorten. Der SECCO verdankt seine Aromen insgesamt 19 Botanicals. Wer daran schnuppert, riecht mediterrane Kräuter mit subtilen Noten von Zitronengras und Iris. Am Gaumen dominieren krispe Weinsäure, Piment und Muskatnuss, das Finish ist zitrusbitter. Nicht weniger als 37 Aromen verleihen dem BIANCO AMBRATO sein komplexes Profil. Im Bouquet zeichnet er sich durch alpine Kräuter und Blüten aus, im Geschmack verwöhnt er mit Orangen-, Ingwer- und Grapefruitnoten, im Abgang folgen Kardamom und Lakritz mit ausgeprägten Bitteraromen.

Ein echter Cocktailwermut ist der sehr körperreiche ROSSO AMARANTO, der seine geschmackliche Prägung durch insgesamt 38 Botanicals erhält. Ganz Italiener, betört er mit Aromen von Vanille, Rhabarber, Wacholder, geröstetem Holz und Weihnachtsgewürzen. Das Finish ist ausgewogen und bittersüß. Den geschmacklichen – und preislichen – Höhepunkt der Range bildet der VECCHIO. Ausgangsprodukt für diese Spezialität ist der ROSSO AMARANTO,

der abschließend ein Jahr im italienischen Eichenfass reift. Auf diesem Wege intensivieren sich seine Aromen, und es entwickeln sich Noten von Kirschen, Honig, Rosinen, dunkler Schokolade und Vanille. Das alles endet mit einem dezidiert bittersüßen Finish – ein edler Wermut mit Rückgrat und Substanz. Der AMARO schließlich ist eine Kreuzung der Sorten SECCO, BIANCO und ROSSO auf Basis eines Barbera d'Asti DOCG mit ausgeprägten Bitternoten, die er der Beigabe von Chinarinde verdankt.

MARTINI

PESSIONE DI CHIERI · ITALIEN

Martini ist wohl der erste Wermut, der dem Laien in den Sinn kommt, befragt man ihn nach bekannten Marken der Vermouth-Familie. Die Ursprünge der Traditionsmarke, die heute zum weltumspannenden Bacardi-Konzern gehört, liegen – wie der Name es schon vermuten lässt – in Bella Italia, namentlich in dem piemontesischen Städtchen San Salvatore Monferrato. Dort nämlich entstand als Ableger der „Distilleria Nazionale di Spirito di Vino all'Uso di Francia" in Turin Mitte des 19. Jahrhundert ein Produktionsstandort für Wermut. 1863 übernahmen der Weinhändler Alessandro Martini, der Buchhalter Teofilo Sola und der Likörfachmann Luigi Rossi diesen Geschäftszweig der Destillerie in Eigenregie und nannten das neue Unternehmen Martini Sola e Cia. Die Herstellung des Wermuts verlagerten sie bald nach Pessione unweit von Turin, wo sie Anschluss an die Bahnverbindung zwischen Turin und Genua hatten und sich damit ein erhebliches Expansionspotenzial er-

öffneten. Und der Erfolg sollte ihnen Recht geben: Schon 1868 konnten sie beginnen, ihren Wermut in die USA zu exportieren – und waren damit die ersten italienischen Hersteller überhaupt, die ihren Wermut international vermarkteten. 1870 eröffneten sie ein Einzelhandelsgeschäft auf der römischen Piazza Colonna und etablierten sich als führender Aperitif-Hersteller.

Nach dem Tod von Teofilo Sola 1879 veräußerte seine Familie die Firmenanteile, und das Unternehmen firmierte um auf den bis heute bekannten Namen Martini & Rossi. Seinerzeit galt der Name Martini außerhalb Italiens längst als Synonym für italienischen Wermut im Allgemeinen und Wermut aus Turin im Besonderen. Ende des 19. Jahrhunderts war die Marke Martini international endgültig in aller Munde, und die Firma verfügte über Niederlassungen etwa in Buenos Aires (1884), Genf (1886) und Barcelona (1893).

1900 übernahmen die vier Söhne von Luigi Rossi die Firma und verfolgten fortan eine globale Marketingstrategie, die dem Unternehmen insbesondere in Sport und Kultur als Sponsor prestigeträchtiger Veranstaltungen eine hohe Sichtbarkeit verschaffte. 1994 ging Martini dann im Getränkeriesen Bacardí auf, der unter der Marke bis heute italienischen Lifestyle verkauft – und dabei medienwirksam von internationalen Stars unterstützt wird.

Der erste aromatisierte Wein aus dem Hause Martini war der MARTINI ROSSO, eine Komposition aus italienischen Wermutkräutern, bittersüßem Quassia- und Sandelholz sowie Bohnenkraut, die übrigens bis heute unverändert in der Rezeptur von Firmengründer Luigi Rossi verkauft wird. Ein Kind der Jahrhundertwende 1900 ist der berühmte EXTRA DRY, der am ersten Tag des 20. Jahrhunderts präsentiert wurde und sich mit seinen ausgeprägten Zitrusnoten in Kombination mit dezentem Himbeeraroma vor allem als Cocktailpartner etabliert hat. 1910 folgte dann der mild-süße MARTINI BIANCO, der das Markenimage vor allem in Europa wohl bis heute entscheidend prägt und als veritabler Gaumenschmeichler durch seine Sanftheit mit angenehmen Vanillearomen und dazu floralen Noten besticht.

Komplettiert wird die Range durch den MARTINI ROSATO, gleichsam moderne Interpretation des Wermutgedankens mit einer Basis aus weißem und rotem Wein, unter anderem aromatisiert mit madegassischen Nel-

ken und sri-lankischem Zimt, und den MARTINI FIERO, der aus Weißweinen aus der Emilia-Romagna, Apulien und Sizilien besteht und zitronig und sanft daherkommt. Dazu gesellen sich seit März 2016 die exklusive goldene RISERVA SPECIALE AMBRATO, die ein ausgezeichneter Begleiter zu kräftigem Käse ist, und die rote RISERVA SPECIALE RUBINO, die bestens mit Edelschinken und Salami harmoniert.

MASCARÓ

VILAFRANCA DEL PENEDÈS · SPANIEN

Die Wurzeln des spanischen Familienunternehmens Mascaró reichen bis in das ausgehende 19. Jahrhundert zurück. 1894 nämlich wurde Narcís Mascaró Marcé geboren, der den Weinhandel der Familie in der ersten Hälfte des 20. Jahrhunderts professionalisieren und sich mit einer eigenen Destillerie selbstständig machen sollte. 1940 kaufte er dann das Weingut Mas Miquel, und 1946 wurde der Familienname Mascaró zur Marke. 1960 siedelte Mascaró an seinen neuen, vergrößerten Produktionsstandort etwas außerhalb des kleinen Städtchens Vilafranca del Penedès im Südwesten der spanischen Provinz Barcelona über, wo das Unternehmen bis heute zu Hause ist. Mitte der 1960er-Jahre begann man mit der Erschließung ausländischer Märkte und erweiterte stetig die Produktpalette. Heute ist das Unternehmen mit diversen Spirituosen, Likören, Cavas und Weinen sowie – last but not least – Wermut auf dem spanischen und internationalen Markt vertreten.

Schon seit 1946 produziert Mascaró seine Wermutspezialitäten aus Wein des unternehmenseigenen Weinguts Mas Miquel und ist bis heute seinem Anspruch treu, alle Produkte vom „Weinberg bis zur Flasche" selbst herzustellen. Basis für die Weinbrände, mit denen der Wermut auf die gewünschte Stärke gebracht wird, ist die Rebsorte Ugni Blanc, für ihr charakteristisches Geschmacksprofil sorgt die Lagerung in Eichenfässern, die noch von Firmengründer Narcís Mascaró Marcé angeschafft wurden.

Wer an dem bernsteinfarbenen MASCARÓ VERMUT PREMIUM schnuppert, darf sich an verschiedenen Gewürzaromen, dem Duft von Wacholder und Ingwer sowie einer dezenten Lakriznote erfreuen. Am Gaumen überzeugt er durch das ausgewogene Zusammenspiel zwischen reichlich Säure und pointierter Bitterkeit. Der Abgang ist lang und intensiv, dabei zitrusfrisch und würzig.

MATTER

KALLNACH · SCHWEIZ

Angefangen hat die Erfolgsgeschichte des Schweizer Unternehmens Matter-Luginbühl AG mit dem Martinazzi Bitter. Ab 1920 importierte der Aarberger Ernst Luginbühl-Bögli den erstmals 1864 in Turin hergestellten Bitter in die Schweiz, 1928 erwarb er das Rezept und die Lizenz für die Herstellung des Getränks und etablierte sich als erster Schweizer Bitterproduzent bald am in- und auch ausländischen Markt. 1947 kam dann das Bauerngut Löhr in der Nähe von Seedorf im Kanton Bern mit eigener Brennerei in den Besitz der Firma und wurde neben einem Restaurant und einem Ladenlokal mit Weinhandel zu einem weiteren Standbein des inzwischen zu E. Luginbühl-Bögli & Söhne umfirmierten Unternehmens.

In dritter Generation wurde der Familienbetrieb aufgeteilt, und Gründerenkelin Elsbeth übernahm mit ihrem Mann Christian Matter-Luginbühl 1985 die Brennerei, die 1996 von Aarberg nach Kallnach umzog. 2005 übergaben sie die Brennerei an ihren 1990 in die Firma eingetretenen Sohn Oliver Matter und seine Frau Nicole. Die beiden konzentrierten sich schon bald sehr erfolgreich auf die Absinth-Produktion, und seit einigen Jahren widmen sie sich verstärkt auch wieder der Herstellung des Martinazzi und anderer Bitters, so seit geraumer Zeit auch dreier Wermuts.

Was die Sorten angeht, so bleibt man bei Matter-Luginbühl ganz traditionell: Auf dem Programm stehen ein BIANCO, ein ROSSO und ein DRY. Und auch bei den Zutaten verlässt man sich bei den Wermuts FORMULA O. MATTER auf bekannte Qualität. Den Grundstoff für die Aperitife bilden hochwertige Weine aus dem Piemont, und die Kräuter kommen ebenfalls weitgehend aus der Heimat der Wermuts. Welche Botanicals in welchem Verhältnis den Matter-Wermuts ihre typischen Geschmacksnoten verleihen, ist selbst-

verständlich ein Firmengeheimnis. Auf jeden Fall dabei sind Wermutkraut, Engelwurz, Orangenschalen, Koriander und Süßholz. Die fertigen Produkte setzen sich sämtlich aus drei Teilen Wein und einem Teil Mazerat zusammen, beim BIANCO und ROSSO kommt noch Zucker hinzu, der beim DRY gänzlich fehlt. So ist letzterer vor allem ein ganz ausgezeichneter Partner für die großen Cocktailklassiker, während die Sorten Rot und Weiß sowohl pur auf Eis als auch gemischt gefallen.

MERWUT

LANDAU · DEUTSCHLAND

Hinter diesem deutschen Wermut steht das von Stefan Dorst initiierte Projekt Dorst & Consorten, eine „nonkonformistische" Weinserie, für die der weinforschende Weltreisende mit sechs weiteren gestandenen Pfälzer Winzern Weine entwickelt, die in keine Schublade passen, nicht den Geschmack der Massen treffen wollen und Innovation verkörpern. Und zu diesen Weinen gehört auch der MERWUT WERMUTWEIN. Die Idee, einen Wermut mit ins Programm aufzunehmen, kam Dorst im Zuge seiner diversen Aufenthalte in Spanien, wo er in der Region Aragon im Nordosten des Landes die Bodega Venta d'Aubert betreut.

Gelegentlich führt ihn sein Weg dort in die ein oder andere Dorfbar, wo vor allem alte Männer sich die Zeit mit einem ominösen braunen Getränk vertreiben, das vielfach aus Plastikkanistern ausgeschenkt wird und das Dorst zunächst gar nicht zu probieren wagte. Irgendwann jedoch nahm er seinen ganzen Mut zusammen, bestellte ein Gläschen des so lange beargwöhnten Getränks – und war begeistert, wie erfrischend, aromatisch und gut die Kostprobe eisgekühlt mit einem Zitronenschnitz schmeckte. Damit war der Bann gebrochen, und Dorst wäre nicht Dorst, hätte er sich nicht darangemacht, selbst einen Wermut zu komponieren, um der Öffentlichkeit nach zwei Jahren das Ergebnis zu präsentieren – und zu überzeugen.

Wer sich einen MERWUT einschenkt, darf sich über ein recht liebliches Bouquet mit dezenten Kirschnoten freuen. Am Gaumen entwickelt sich dann ein komplexeres Geschmacksspektrum, und zur Kirsche gesellen sich Birnennoten und ein Hauch von Weihnachtsgewürzen. Ein runder, würziger Wermut, der seine Weinbasis nicht verleugnet. Am besten entfaltet sich seine Vielschichtigkeit im puren Genuss, er schmeckt aber auch mit Soda oder gar Limonade, versichert Dorst.

MIRÓ

Gegenwärtig gibt es im katalonischen Reus, das einst Kapitale der spanischen Wermutproduktion war, noch drei Unternehmen, die den traditionsreichen Aperitifwein produzieren. Und allein Miró, die jüngste der drei Marken, befindet sich bis heute in Händen der Gründerfamilie. Begonnen hat alles 1957, als Emilio Miró Salvat sich in Reus niederließ, um ins Wermutgeschäft einzusteigen. Dabei war er keineswegs ein unbeschriebenes Blatt in der Weinwelt, hatte die Miró-Familie sich doch bereits zuvor mit der Produktion von Weinen und Likören einen Namen gemacht. Die Entscheidung, nach Reus überzusiedeln und Wermut zu produzieren, sollte sich als goldrichtig erweisen: Miró gehört heute zu den bedeutendsten spanischen Wermutproduzenten überhaupt, und in den Anlagen des Unternehmens vor den Toren der Stadt entstehen nicht nur hauseigene Wermutspezialitäten, sondern auch andere Unternehmen verlassen sich auf das herstellerische Know-how von Miró und lassen ihre Wermuts dort produzieren.

Als Basis für die Wermuts von Miró dienen neutrale Weine aus Kataloniens bedeutendster Weinbauregion Penedès sowie aus der zentralspanischen Region La Mancha südlich von Madrid. Aromatisiert wird mit Botanicals wie Wermut, Enzian, Chinarinde, Hopfen und Engelwurz aus der Bitterfraktion sowie duftenden Kräutern und Gewürzen wie Diptam-Dost, Sternanis, Koriander und Rosmarin. Die Mazeration dauert zwei Monate und erfolgt in hochprozentigem Alkohol. Obwohl die Basis für alle Miró-Wermuts identisch ist, entwickelt jede Sorte dank ihrer spezifischen Botanicals ihr ganz eigenes Profil. So kommen im MIRÓ BLANCO kaum bittere Komponenten zum Einsatz und aromatische Kräuter setzen die geschmacklichen Akzente, während die Reservas mehr Kräuter, Zucker und Alkohol enthalten.

Klassiker der Range, zu der unter anderem auch ein EXTRA DRY gehört, ist der appetitanregende und frische VERMUT MIRÓ ROJO. Ganz in spanischer Wermuttradition ist er angenehm süß mit aparter Bitternote und wird bis heute nach altem Familienrezept hergestellt. Ebenfalls nach traditionellem Rezept

entsteht der MIRÓ RESERVA „ETIQUETA NEGRA". Im Geschmack überzeugt dieser im Solera-System sechs Monate im Eichenfass gereifte Wermut durch das harmonische Zusammenspiel seiner holzigen und herbalen Noten mit den Aromen frischer Waldkräuter und ist Spanier durch und durch.

MUNTANER

MARRATXÍ · SPANIEN

Muntaner ist der einzige auf den Balearen produzierte Wermut. Hergestellt wird er von der Antonio Nadal S.A., einem mallorquinischen Traditionsunternehmen, das 1898 von Antonio Nadal Muntaner gegründet wurde und zunächst auf die Produktion von Spirituosen spezialisiert war. Neben den einheimischen Märkten erschloss Antonio Nadal sich vor allem eine beachtliche Klientel in Südamerika. 1986, nach drei Generationen in Familienhand, wechselte der Betrieb seinen Besitzer und ging in die Hände der Familie Morey Garau über, die vor allem für ihre Kräuterdestillate, etwa den Palo Tunel, bekannt ist. Seitdem stehen die Zeichen auf Wachstum, und investiert wird sowohl in Technologie als auch in die Ausbildung der Mitarbeiter. Seit 1998 hat die Antiono Nadal S.A. ihren Sitz unweit der Inselhauptstadt Palma de Mallorca, und rund 40 Mitarbeiter produzieren 180 verschiedene Getränke, darunter auch einen roten und einen weißen Wermut.

Die Herstellung der beiden Spezialitäten erfolgt in der Bodega Tianna Negre in dem kleinen Weinort Binissalem, die auf ein langwieriges Produktionsverfahren setzt: Die Botanicals, darunter neben Wermutkraut Wacholder, Beifuß, Grüner Kardamom, Sternanis und Holunder, werden 40 Tage im Basiswein mazeriert. Bemerkenswert ist, dass alle verwendeten Kräuter auf der Baleareninsel wachsen, sodass sie sehr frisch verarbeitet werden können.

Grundlage des weißen Wermuts sind Weine aus der Rebsorte Prensal Blanc. Der BLANC ist sehr aromatisch und schmeichelt dem Gaumen mit angenehmen Kräuternoten, um seine typischen Wermutnoten vor allem im Abgang zu entfalten. Auf Eis mit einem Stück Zitronenschale serviert, ist er der ideale Sommerdrink. Der sehr würzige rote Muntaner wird auf Basis von Manto-Negro-Weinen hergestellt. Im Aroma des ROSSO dominieren Noten von Bitterorangenscha-

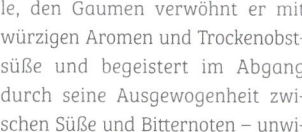

le, den Gaumen verwöhnt er mit würzigen Aromen und Trockenobst-süße und begeistert im Abgang durch seine Ausgewogenheit zwischen Süße und Bitternoten – unwi-

derstehlich auf Eis mit einer Orangenzeste. Beide Wermuts eignen sich hervorragend als Aperitif-Drink und schmecken zu leichten herzhaften Snacks und Fischgerichten.

NOILLY PRAT

MARSEILLAN · FRANKREICH

Angeblich wollte Joseph Noilly das Gesunde mit dem Schmackhaften verbinden, als er 1813 das bis heute unveränderte Rezept für seinen Wermut austüftelte. Wein, so seinerzeit Noillys Überlegung, schmeckt gut und ist außerdem antiseptisch, und Kräuter und Gewürze wie Chinin, Kamille und Koriander wurden schon im Mittelalter wegen ihrer positiven Effekte auf die Gesundheit geschätzt. Also brachte er beides zusammen, und das, wie die Geschichte zeigen sollte, auf meisterliche Weise.

Ein Geheimnis dieses Traditionswermuts, der seit 1855 kommerziell vermarktet wird und heute zum Portfolio des Getränke-Konzerns Bacardí gehört, liegt in der Behandlung seiner Basisweine, den im Languedoc heimischen Sorten Clairette und Picpoul de Pinet. Nach ihrer Vinifizierung lagern sie zunächst acht Monate in großen Holzfässern, um dann – und das ist das Besondere – in 600 Liter fassende Eichenfässer umgefüllt und anschließend zwölf Monate lang unter freiem Himmel im Hof des Unternehmenssitzes im südfranzösischen Marseillan gelagert zu werden. Diese unmittelbare Konfrontation mit dem südfranzösischen Klima – 300 Sonnentage und reichlich Meeresbrise – sorgt dafür, dass der Wein schneller oxidiert und seine Frische verliert. Und genau diese vermeintlichen „Weinfehler" machen den typischen Geschmack des Noilly Prat aus und verleihen ihm seine charakteristische Bernsteinfarbe.

Nach seinem Freiluftaufenthalt wandert der Wein in Stahltanks, wo er durch die Zugabe der Mistela, einem mit Alkohol versetzten Traubensaft, abgerundet wird. Himbeer- und Zitronenessenzen sorgen für eine fruchtige Note. Schließlich erhält der Wein seinen einmaligen Kick: Er wird noch einmal umgefüllt, und in jedes 20-Hektoliter-Fass wandern für drei Wochen zwölf Kilogramm Kräuter

und Gewürze – nach Aussagen des Kellermeisters mehr als 20, und Wermut ist natürlich auch dabei. Dann ist der berühmte Noilly Prat endlich fertig.

Berühmtestes und ältestes Mitglied der inzwischen vier Wermuts starken Range aus Marseillan ist der NOILLY PRAT ORIGINAL DRY, der die wohl bekannteste und meistbenutzte Wahl für den legendären Dry Martini ist. Im 19. Jahrhundert mixten die Barkeeper in der Neuen Welt ihre Martinis meist mit zwei Teilen Noilly Prat und acht Teilen Gin. Später ließ der berühmte Trinker Ernest Hemingway sich seinen Dry Martini mit 15 Teilen Gin und einem Teil Wermut mixen und nannte das Ganze Montgomery – angeblich, weil der als Sieger über Erwin Rommels Afrikakorps in der Schlacht von El Alamein zu Weltruhm gelangte populärste britische Heerführer des Zweiten Weltkriegs sich dem „Wüstenfuchs" Rommel nur gestellt habe, wenn er sicher sein konnte, ihm zahlenmäßig 15-fach überlegen zu sein. Wie dem auch sei – der NOILLY PRAT ORIGINAL DRY hat Tradition im Martiniglas. Seinen Duft

dominieren Kräuteraromen mit floralen Noten, dazu ein Hauch von Vanille. Auf der Zunge geben sich trockene Weißweine ein Stelldichein, der komplexe Abgang wird von Bitternoten mit würzigen Anklängen bestimmt.

Der ebenfalls weiße NOILLY PRAT EXTRA DRY wurde für den amerikanischen Markt komponiert und ist noch eine Spur trockener als der weltbekannte ORIGINAL DRY. Der NOILLY PRAT ROUGE erblickte in den 1950er-Jahren das Licht der Welt und ist leicht süß. Pur schmeckt er am besten mit einer Orangenschale. Gleiches gilt für seinen jüngsten Bruder, den NOILLY PRAT AMBRÉ, der seit 1986 vor allem im Fachhandel erhältlich ist und mit Vanille- und Zimtaromen lockt.

NORDESÍA

SANTIAGO DE COMPOSTELA · SPANIEN

Ein noch recht junger Wermut von der iberischen Halbinsel ist der Nordesía. Dessen Macher sind angetreten, frischen Wind in die heimische und internationale Wermutszene zu bringen. So setzen sie mit dem innovativen TINTO, dem frischen BLANCO und dem traditionellen NEGRO bewusst auf die typischen Aromen der galizischen Atlantikküste und damit vor allem auf Reinheit und Frische.

Wie es die noch recht junge Legende will, entstand der Plan, sich der Wermutproduktion zu widmen, an einem grauen Regentag, als die Gründer von Nordesía, Atlantic Galician Spirits, über die Traditionsgetränke ihrer Heimat nachsannen und schließlich beim Wermut landeten. Ihr Wermut, so die Idee, sollte Ausdruck von Klima, Relief und dem auf den Granitböden ihrer Heimat gedeihenden Wein sein. Ganz bewusst geben sie atlantischer Frische den Vorzug vor dem sonst eher üppigen, vollmundigen Charakter klassischer Wermuts.

Als Basis für den NORDESÍA TINTO dient die im unwegsamen galizischen Weinbaugebiet Ribeira Sacra kultivierte Mencia-Traube, für den BIANCO und den NEGRO wird der legendäre Albariño von den Granitlagen des Val do Ulla verwendet. Die Botanicals werden rund einen Monat mazeriert, danach wird der Wein mit dem aromatisierten Branntwein verschnitten. Diese Mischung verbringt im Anschluss vier Monate in gebrauchten französischen Eichenfässern, die den Nordesías eine toastige Madeira-Note verleihen.

Der NORDESÍA TINTO besticht mit seinem frisch-fruchtigen Duft mit würzigen Akzenten, und in seinem vollmundigen Geschmack harmonieren angenehme Bitternoten mit einer feinen Süße. Der elegante BLANCO kommt frisch und spritzig mit feinen Zimt- und Vanillearomen und Noten von medizinischen Kräutern daher. Der NEGRO schließlich verführt mit Toffee- und Lakritzaromen.

OSCAR.697

CALAMANDRANA · ITALIEN

Nicht nur Wermut, sondern auch Lifestyle verkauft das Team hinter der Marke Oscar.697. Angetreten sind die vier 2012 mit dem ehrgeizigen Ziel, dem Traditionsaperitif eine zeitgenössische Prägung zu verleihen, ohne seine Wurzeln aus den Augen zu verlieren. Als Regisseur des Projekts zeichnet Stefano di Dio verantwortlich, der im Getränkebusiness schon zuvor kein Unbekannter war. Für die konkrete Entwicklung des Wermuts konnte Oreste Sconfienza gewonnen werden, der in dritter Generation die Geschicke des bekannten piemontesischen Wermutherstellers La Canellese lenkt. Bei der Komposition des Oscar-Wermuts wiederum arbeitete Sconfienza Hand in Hand mit dem international bekannten Barkeeper Oscar Quagliarini, der für das geschmackliche Feintuning sorgte. Das nüchterne Gewand für den Wermut schließlich schneiderte der aus Australien stammende Designer David Caon.

Hinter dem Namenszusatz „697" steckt übrigens kein großes Geheimnis im Stile der legendären Coca-Cola-Formel: Die Ziffernfolge zeigt lediglich an, dass es am Ende Rezept Nr. 697 aus den Versuchsreihen von Sconfienza und Quagliarini war, das Zustimmung bei allen Projektbeteiligten fand und den Grundstein für die heute drei Mitglieder starke Oscar-Familie legte.

Hinter Rezept 697 verbirgt sich ein roter Wermut, der mit intensiven Aromen von Wermut, Rhabarber und Süßholz aufwartet. Aufgrund seines geringen Zuckergehalts, der mit 14 Prozent an der Untergrenze des Erlaubten liegt, ist der OSCAR.697 ROSSO deutlich bitterer und trockener als viele andere Vertreter seiner Kategorie. Seine tiefrote Farbe verdankt er der Beigabe von gebranntem Zucker, auf weitere Farbstoffe wurde gänzlich verzichtet, und künstliche Aromen erhält er ebenfalls nicht. Nach der erfolgreichen

Lancierung des Rosso folgte wenig später der Oscar.697 Bianco, dessen Komposition auf Rezept Nr. 773 beruht und sich durch ausgeprägte Holunder-, Muskat- und Bergamotte-aromen auszeichnet. Als Martini-wermut konzipiert wurde der staub-trockene Oscar.697 Extra Dry mit einem Zuckeranteil von nur 2,5 Prozent, den seine Macher ganz bewusst in die französische Wermuttradition gestellt haben. Dominant sind hier Noten von Wildem Fenchel, Hunds-rose und Eiche.

PONTICA RED

HAINBURG AN DER DONAU · ÖSTERREICH

Hinter diesem österreichischen Wermut, der seinen Namen *Artemisia pontica*, dem Römischen Wermut, verdankt, stehen der Wiener Barexperte Reinhard Pohorec und sein Kompagnon Peter Weintögl. Ihr Ziel war es, einen Wermut von ganz eigenem Charakter zu entwickeln. Statt auf Massenproduktion setzen sie auf handwerkliche Perfektion und Qualität, ohne moderne Technologien und aktuelle Erkenntnisse zu verschmähen. So haben sie zusammen jahrelang an Herstellungsverfahren und Rezept für ihren PONTICA getüftelt. Und die Mühen haben sich gelohnt. Auch ohne großes Marketingbudget ist der PONTICA RED VERMOUTH heute ein echter Selbstläufer und findet sich inzwischen in vielen Bars auch jenseits der österreichischen Grenzen.

Der Basiswein für den PONTICA kommt aus der niederösterreichischen Weinbauregion Carnuntum, wo schon zu römischen Zeiten im ausgehenden 2. und im 3. Jahrhundert n. Chr. Wein angebaut wurde. Gegenwärtig erlebt der Weinbau dort nach schweren Nachkriegszeiten wieder eine Renaissance. Für ihren Wermut setzen Pohorec und Weintögl auf roten und weißen Wein aus alten Reben. Zum Aufspriten verwenden sie Weinbrand aus eigener Produktion, gesüßt wird mit Traubenmost aus Carnuntum, und die aromatisierenden Kräuter und Rinden haben selbstverständlich Apothekerqualität. Farbstoffe werden nicht zugesetzt, und der PONTICA bleibt ungefiltert.

In der Nase entfaltet er reichlich bittere Aromen, die jedoch von Walnussduft und einer dezent-süßen Note, die an Portwein und Erdbeeren denken lässt, abgetönt werden. Im Mund zeigt er sich zunächst ebenfalls süß, überrascht dann aber mit recht nachdrücklichen Bitteraromen in Kombination mit hintergründigen frisch-fruchtigen Akzenten. Ein sehr charakterstarker, eigenwilliger Wermut, den man am besten pur genießt.

Q VERMOUTH

AREZZO · ITALIEN

Vater des Q Vermouth ist der in der Szene alles andere als unbekannte Bartender Oscar Quagliarini, der gemeinsam mit dem La-Canellese-Chef Oreste Sconfienza bereits das eigenwillige Geschmacksprofil des Oscar. 697 geprägt hat. Inspiration für seinen Q Vermouth lieferten dem passionierten Barmann neben piemontesischen Traditionen vor allem die Eindrücke von seinen Reisen rund um die Welt, so die Gewürze Afrikas, die Aromen Frankreichs und die Lebenskunst der Italiener. Für die Umsetzung seiner Ideen zeichnet die umtriebige Antica Distilleria Quaglia zuständig, die neben ihren Eigenmarken noch weitere Wermuts von internationalem Rang und Namen produziert.

Dass der Mailänder sich ganz und gar seinem Beruf verschrieben hat, kann man wohl allein daran ablesen, dass er mit Cocktailrezepten tätowiert ist. Hinter der Bar experimentiert er nach eigenen Angaben leidenschaftlich mit Blumen, Gewürzen und

hausgemachten Düften. Kein Wunder also, dass Quagliarini Meisterköche wie Ferran Adrià und Thierry Marx und große Parfümeure wie Jean-Claude Ellena und Jean-Paul Guerlain zu seinen Vorbildern zählt.

Der Q VERMOUTH ROSSO geht auf die „französischen Jahre" des Italieners zurück, in denen er zwar in der Hauptstadt Paris arbeitete, aber immer wieder in die verschiedenen französischen Regionen reiste, um deren Küche und Aromen zu erkunden. So hat er versucht, in seinem roten Wermut die rustikale Natur der Gascogne und den kräftigen Wind des Atlantiks zu bannen. Zum Ausdruck kommt das in ausgeprägten Aromen von Rhabarber, Süßholz und Enzian, die abgetönt werden von milder Kamille, Vanille und Holunder. Komplett wird das Bouquet mit Noten von Koriander und Engelwurz.

Im Q VERMOUTH BIANCO hat der Barfachmann seine Eindrücke der italie-

nischen Region Kalabrien mit ihren spektakulären Küsten und dem wilden, blühenden Hinterland verewigt. So dominieren florale Noten mit starken Akzenten von Holunderblüten und Lavendel, dazu gesellen sich würzige Aromen von Koriander und Oregano – ein Wermut wie ein italienischer Sommertag.

Die für Sizilien typischen heißen Tage und kühlen Nächte wiederum waren gedankliche Vorlage für den Q VERMOUTH SECCO, dessen Basis neben dem auch für den ROSSO und BIANCO verwendeten Trebbiano sizilianischer Marsala bildet. Aromatisiert ist er unter anderem mit Szechuanpfeffer, Rosinen und Hagebutten.

RISERVA CARLO ALBERTO

VIDRACCO · ITALIEN

In den Jahren 1831 bis 1849 wurde Sardinien-Piemont von König Carlo Alberto regiert. Der Monarch galt als vergleichsweise liberal und aufgeklärt, und wie das Bürgertum seiner Residenzstadt Turin soll er es genossen haben, zum Aperitif seinen Wermut zu genießen. Das Rezept für den nach ihm benannten Wermut komponierte wohl 1837 sein Leibkoch.

Aus dessen Händen ging das Rezept in die Hände des Weinhändlers Tumalin Baracco Bartolomé de Baracho über, der sich dachte, dass das, was dem gekrönten Haupt schmeckte, wohl auch dem Rest der Welt zusagen würde. So begann er mit der Produktion seines Wermuts, den er zu Ehren des Königs Riserva Carlo Alberto nannte.

Die Basis für die Wermuts der Riserva-Carlo-Alberto-Range, die aus dem RED, dem WHITE und dem EXTRA DRY besteht, bilden mit dem Moscato d'Asti und dem Erbaluce di Caluso wie ehedem zwei typische weiße Rebsorten aus dem Piemont. Jeweils eine sorgsam komponierte Auswahl aus insgesamt 43 unterschiedlichen Botanicals verleiht jeder der drei Sorten ihren unverwechselbaren Geschmack. Die Kräuter, Beeren, Gewürze, Blumen und Früchte, die größtenteils aus der fruchtbaren italienischen Po-Ebene stammen, werden 40 Tage in 45-prozentigem Alkohol eingelegt. Danach wird das Mazerat sorgfältig gefiltert und wandert für drei bis sechs Monate in gebrauchte Weinfässer. Nach dem Aufspriten wird der Wein mit Zucker versetzt und mit dem Mazerat vermischt, um dann gefiltert und abgefüllt zu werden.

Ein besonderer Genuss ist der mit 25 Kräutern und Gewürzen aromatisierte, kupferfarbene RED VERMOUTH, der in der in der Nase mit Kirscharomen und milden Kräuternoten überzeugt. Im Geschmack dominieren Aromen von reifen roten Früchten und Orangenschale, und das Finish überrascht mit frischen Apfelnoten.

SEEMUTH

STAMPE/QUARNBEK · DEUTSCHLAND

Gründer und Entwickler von SEE-MUTH WERMUT ist Kostja Eulitz, ein gebürtiger Berliner, der vor Jahrzehnten in Kiel eine neue Heimat fand und sich selbst als waschechtes Nordlicht beschreibt. Dass der Gastronom aus Leidenschaft sich eines Tages daranmachte, mit Wein und Wermutkraut zu experimentieren, war vor allem dem Gin-Boom geschuldet, der die Gastronomie seit geraumer Zeit fest im Griff hat und die Spirituosenszene um diverse ausgezeichnete Craft-Gins bereichert. Ähnliches, dachte sich Eulitz, müsse beim Wermut auch möglich sein.

Damit war die Grundidee geboren, doch um sie in die Tat umzusetzen, benötigte Eulitz einen starken Partner, der ihn mit seinem Fachwissen um die Wermutherstellung unter die Arme greifen konnte. Den fand er schließlich in der Dolleruper Destille auf der Halbinsel Angeln hoch im Norden, die ihn bis heute mit Rat und Tat unterstützt und gerade in der Entwicklungsphase wertvolle Hilfestellungen leisten konnte.

Im Erscheinungsbild ist der Wermut aus Kiel von eindeutig maritimem Charakter, und auch der Name lässt kaum Zweifel über die Affinität seines Machers zur See. Doch bei der Herstellung verlassen Eulitz und Manfred Weyrauch vom Hersteller-Team sich auf traditionelle Verfahren. Als Basis für den SEEMUTH dienen Pfälzer Sauvignon Blanc, rheinhessischer Weißburgunder sowie Colombard aus der Gascogne, aromatisiert wird vor allem mit Wermut, zu dem sich noch sechs weitere, von Eulitz nicht näher benannte Kräuter gesellen.

Lässt man den Duft des blass-goldenen SEEMUTH auf sich wirken, erlebt man zunächst die herben, markanten Noten des Wermutkrauts, die durch die nachfolgenden würzig-floralen Aromen deutlich entschärft werden. Prägnant sind hier vor allem

Kardamom, Nelke, Fenchel und etwas Kamille. Die genannten Weißweine bilden die geschmackliche Basis, die dank der Verwendung von oxidativem Wein sehr markant ist. Dazu kommen eine filigrane Bitternote und bei aller Trockenheit eine dezente Honigsüße. SEEMUTH eignet sich aufgrund seiner appetitanregenden Kräuterkomposition ganz ausgezeichnet als Aperitif, beweist aber auch als Cocktailpartner Rückgrat.

SIMON'S DURO 1469

ALZENAU · DEUTSCHLAND

Simon's Feinbrennerei hat Tradition. 1879 gegründet, war sie zunächst mit einem Brennrecht von 300 Litern ausgestattet. Im Laufe der Jahrzehnte entwickelte sich das Unternehmen stetig weiter, und 1979, genau 100 Jahre nach der Unternehmensgründung, wurden neben der durchgehend betriebenen Destillerie die ersten Weinberge angepflanzt und damit der Grundstein für das eigene Weingut gelegt. Das Unternehmen ist inzwischen seit fünf Generationen in Familienhand, und nach einer anfänglichen Konzentration auf Obstbrände wendet man sich bei Simon's heute verstärkt der Produktion klassischer Brände zu, und zum Sortiment gehören auch Whisky, Wodka, Gin und Rum.

Besonderen Wert legt Severin Simon, seit 2008 Chef der Brennerei, auf die Verwendung regionaler Zutaten. Das fängt mit dem Feuerholz für die Destillen an, das aus dem eigenen Wald stammt. Die Obstbrände ent-

stehen mit dem Ertrag von alten Streuwiesen der Familie, das Korn für Whisky und Wodka stammt aus eigenem Anbau.

Die Idee, einen eigenen Wermut zu komponieren, kam Severin Simon zufolge, als er mit Aromen für einen neuen Gin experimentierte. Als Basis für seinen DURO 1469, mit dem er eine Brücke zwischen der Wein- und der Spirituosensparte des Unternehmens schlägt, dienen ausschließlich Weine vom familieneigenen Weingut.

Welche der vielen dort wachsenden Reben das genau sind, wird nicht verraten. Sicher ist, dass es sich um einen fruchtigen Wein handelt. Verstärkt wird er mit einem Brandy, der aus eigenem Wein in der eigenen Brennerei destilliert wird und im Anschluss drei Jahre in Fässern aus Spessarteiche reift. Sein spezifisches Geschmacksprofil verdankt der DURO zehn Kräutern und Gewürzen, bei denen der Brennmeister so weit wie möglich auf Regionales und natürlich Arzneibuchqualität setzt. Neben Wermutkraut wandern zum Beispiel Lungenkraut, wilder Berglorbeer und Zitronenmyrte in die Komposition.

In Sachen Alkoholgehalt bewegt sich der DURO 1469 mit 14,5 % vol ganz bewusst im untersten Bereich dessen, was der Gesetzgeber beim Wermut erlaubt. Damit bietet sich der „Bavarian Style Vermouth" besonders zum puren Genuss an, ob als Einstieg in ein gutes Menü oder einfach so. Er ist recht herb und trocken, prägend sind vor allem seine Bitternoten in Kombination mit Wacholderaromen. Dazu gesellt sich ein angenehm fruchtiger, an Orangen erinnernder Beiklang.

SORRENTINI

AUBAGNE · FRANKREICH

Aubagne ist ein kleines Städtchen in der Provence im Département Bouches-du-Rhône. Hier verbrachte der französische Schriftsteller Marcel Pagnol, weltweit berühmt für seine Romantrilogie *Eine Kindheit in der Provence*, sein Leben, und dem ein oder anderen mag die sagenumwobene französische Fremdenlegion in den Sinn kommen, wenn er den Namen Aubagne hört – die hat hier nämlich seit 1962 ihr Hauptquartier. Außerdem ist die Stadt seit 1928 Heimat der Distillerie Janot, die auf die Produktion typisch provenzalischer und mediterraner Getränke spezialisiert ist.

Die Distillerie Janot ist insbesondere für ihren gleichnamigen Pastis und ihre Digestifs bekannt – und das auch deutlich jenseits ihres unmittelbaren Einzugsgebietes rund um Marseille. Unter dem Label Sorrentini vertreibt sie eine Reihe von Produkten, die durch die italienische Lebensart inspiriert sind – und dazu gehören auch ihre Wermuts, die über ein Bio-Siegel verfügen und zu 100 Prozent aus Bio-Zutaten bestehen. Derzeit werden in Aubagne zwei Sorrentini-Wermuts produziert, der SORRENTINI VERMOUTH ROSSO und der SORRENTINI VERMOUTH BIANCO. Basis für beide ist ein Bio-Weißwein, und die Mazeration der Botanicals erfolgt im Wein. Im Anschluss wird der aromatisierte Wein mit der Mistala, dem mit hochprozentigem Alkohol stummgemachten Most, sowie Bio-Rohzuckersirup vermischt. Während die Herstellungsverfahren der beiden Sorten sich nicht unterscheiden, differieren sowohl die beigegebene Zuckermenge als auch die verwendeten Botanicals – welche das sind, wird allerdings nicht verraten. Der BIANCO ist fruchtig im Geschmack und verfügt über eine feine Bitternote. Er gefällt im Cocktail oder auch pur auf Eis. Der ROSSO ist ebenfalls unkompliziert und fruchtig im Geschmack, ohne es an den typischen Bitteraromen fehlen zu lassen.

ST. PETRONI

PADRÓN · SPANIEN

Ein nordspanisches Original ist dieser Wermut. Seine Heimat ist mit den Terras de Iria ein geschichtsträchtiges Fleckchen Erde, wo einst über See ankommende Pilger ihre Wallfahrt nach Santiago de Compostela begannen. Der Legende nach war dort nämlich einst das führerlose Schiff mit dem Leichnam des hingerichteten Apostels Jakobus gelandet.

Den Basiswein für den galizischen Wermut bilden edle Albarino-Trauben aus Padrón, die nach alter Tradition mit natürlichen Hefen vergoren werden. Derart ausgebaut, erhält der Wein ein typisches Bouquet und charakteristische Geschmacksnoten, die auch im fertigen Wermut noch spürbar bleiben. In Sachen Aromen setzen die Hersteller des St. Petroni so weit wie möglich auf Regionales. Eine besondere Rolle spielt bei der Komposition der Botanicals das Wermutkraut, das unter anderem ergänzt wird durch Lorbeerblätter, Zitronengras, Minze, Rosmarin, Thymian, Salbei, Zitronenmelisse, außerdem Schale von bitteren und süßen Orangen, Fruchtfleisch von Zitronen, Hibiskusblüten und Kamille. Nach der Hefegärung wird der Wein zunächst stumm gemacht und aufgespritet, und die Botanicals mazerieren in reinem Alkohol. Dann werden Mazerate und Wein in einem geheimen Verfahren gemischt, und im Anschluss ruht der Wermut, um dann gefiltert und abgefüllt zu werden.

Der rote ST. PETRONI VERMELLO schmeichelt der Nase mit süßen Vanille- und Gebäckdüften in Kombination mit balsamischen, würzigen Noten. Am Gaumen ist er frisch mit reichlich Körper und einem ausgewogenen Verhältnis von Säure, Süße und Bitterkeit. Der weiße ST. PETRONI BRANCO ist im Duft zitronig und frisch, dazu kommen eindeutige Weinnoten. Geschmacklich zeichnet er sich durch seine Ausgewogenheit und seinen vollen Körper mit sehr runder Säure aus.

TURMEON

MORATA DE JALÓN · SPANIEN

Als Namensvorlage für diesen 2015 lancierten Wermut von den Bodegas Jaime im spanischen Zaragossa diente die unmissverständliche Aufforderung „Turn me on" – „Mach mich an". Man ahnt, dass vor allem ein junges Zielpublikum angesprochen werden soll. Ein weiteres Indiz ist das zeitgenössische Design der Flasche, mit dem den Machern des Turmeon ein echter Coup gelungen ist: Das Etikett der Flasche besteht

nämlich aus einem halbtransparenten Rundum-Etikett, das über ein gedrucktes Papieretikett gewickelt ist. Bewegt man die Flasche, entsteht der Eindruck einer animierten Grafik – während über das Etikett des TURMEON VERMOUTH BLANCO Delfine springen, verleibt sich auf dem Label des ORIGINAL ROJO Pac-Man, der Ahne aller Computerspielfiguren, ein Herz nach dem anderen ein.

Doch während Flaschendesign und Name ganz jugendlich daherkommen, wird das, was sich in der Flasche befindet, seit Generationen nach alten Familienrezepten hergestellt – allerdings bis vor Kurzem nur für den Hausgebrauch. Eines der Geheimnisse der Wermuts von Turmeon liegt im Ausbau des Basisweins, der in rund 80 Jahre alten Fässern, die noch vom Großvater der aktuellen Führungsriege der Bodega herstellt wurden, im Solera-Verfahren reift. Damit findet sich in jedem

Glas Turmeon immer auch ein Tröpfchen Vergangenheit.

Die Basis für den mahagoniroten TURMEON VERMOUTH ROJO bilden 75 Prozent Macabeo-Reben und 25 Prozent Grenache, aromatisiert wird unter anderem mit Zimt, Nelken und Wermut, die im Mittelalter sämtlich für ihre aphrodisierende Wirkung geschätzt wurden – seinen Namen hat der Wermut also nicht zufällig. Geschmacklich überzeugt der Rote mit intensiven Aromen von Haselnuss, Mandel und Walnuss, dazu gesellen sich Noten von getrockneten Feigen und balsamische

Anklänge. Insgesamt ein vollmundiger Wermut, intensiv im Geschmack und lang im Nachhall. Schmeckt am besten auf reichlich Eis mit Orangenschale, passt aber auch in viele Cocktails.

Der TURMEON VERMOUTH BLANCO ist goldgelb in der Farbe und besteht zu 100 Prozent aus Macabeo. Als Botanicals kommen unter anderem Ingwer, Vanille und Orangenblüten zum Einsatz. Sie machen diesen weißen Wermut zu einem spritzigen, frischen Sommertrunk, der den Gaumen mit Noten von gelben Früchten und süßem Gebäck streichelt, zu denen sich im Nachgeschmack eine dezente Bitterkeit und würzige Nuancen gesellen.

Beim TURMEON VERMOUTH HONEY ist der Name Programm – zentrales Aroma ist Honig, der vor allem im Auftakt seinen großen Auftritt hat. Dazu gesellen sich nach und nach traditionelle Wermutgewürze wie Zimt, Nelke und Vanille. Der Honig-Wermut ist intensiv, vollmundig und rund, herrlich süß und dazu angenehm bitter. Schmeckt auf Eis mit Holunderlikör, aber auch im Cocktail.

VERANO DEL 82

CAÑADA DEL TRIGO · SPANIEN

Ein Wermut aus der spanischen Levante, der Ostküste der iberischen Halbinsel, ist der VERANO DEL 82 der Bodegas Arloren. Das Weingut befindet sich in Cañada del Trigo in der Weinbauregion Jumilla, die seit 1966 über eine eigene Herkunftsbezeichnung verfügt. Die Abteilung Wermut des kleinen Familienunternehmens, das seit 1972 besteht, sind das Hoheitsgebiet des Juniorchefs José Antonio Arce, der sich mit Leidenschaft der Herstellung der beiden Wermuts des Hauses – neben dem VERANO DEL 82 wird hier noch der VERMÚ ARLINI produziert – widmet. Für beide Sorten, die nach einem alten Familienrezept entstehen, verwendet er Trauben der die Weinbauregion beherrschenden Sorte Monastrell, die auch unter dem Namen Mourvèdre bekannt ist und sich bestens für das heiße, kontinentale Mittelmeerklima in Jumilla eignet. Geerntet werden die Trauben erst, wenn sie sich zu einem Wein mit mindestens 16 % vol Alkohol ausbauen lassen. Die Fermentation erfolgt nach traditionellem Verfahren, allerdings wird die Gärung bei einem Alkoholgehalt von 15 % vol durch die Beigabe von hochprozentigem Alkohol gestoppt, um einen Teil des Zuckers aus den Trauben zu erhalten. Anschließend wird der Wein gefiltert und mit seinen Botanicals aromatisiert, wobei dies im Falle des VERANO DEL 82 in französischen Eichenfässern geschieht, wo er in Ruhe reift.

Auf diesem Wege entsteht ein dunkelroter Wermut mit goldfarbenen Reflexen und von intensivem Bouquet, das von Kräuter- und Gewürzaromen dominiert wird, zu denen sich balsamische Noten und bittere Akzente gesellen. Am Gaumen überzeugt er durch Ausgewogenheit zwischen Alkohol- und Säuregehalt, während die bitteren Noten im Abgang wieder in den Vordergrund treten. Wie der Name – „Verano" bedeutet „Sommer" – schon verrät: ein perfekter Aperitif für einen heißen Sommertag.

171

VYA

MADERA · KALIFORNIEN, USA

Ungeachtet der zahlreichen Craft-Wermuts, die derzeit in der Neuen Welt produziert werden, haben bis dato nur wenige den Sprung nach Europa geschafft. Einer der wenigen ist der kalifornische Vya Vermouth der kalifornischen Quady Winery, deren Gründer Andrey Quady eine durchaus bewegte Geschichte hinter sich hat. Bevor er sich mit seiner Frau im kalifornischen Madera niederließ, um sich dort dem Landleben und der Weinproduktion zu widmen, arbeitete er als Sprengstoffexperte beim US-Militär.

Dass Quady nicht nur erlesene Weine ausbaut, sondern inzwischen auch drei Wermutspezialitäten produziert, geht auf Freunde des Paares aus der Gastronomieszene zurück. Die nämlich waren der Meinung, dass der Welt noch ein wohlschmeckender Wermut fehle, der seine Qualität sowohl pur als auch im Cocktail entfalten würde. Also experimentierte Quady mit edlen Weinen und erlesenen Kräutern, bis das Ergebnis seinen Vorstellungen in Sachen Aroma, Ausgewogenheit und Komplexität entsprach. So erlangten der VYA SWEET VERMOUTH und der VYA EXTRA DRY 1999 Marktreife, während es noch weitere zwölf Jahre dauern sollte, bis sich 2011 der VYA WHISPER DRY dazugesellte.

Was die Rezepturen für die Wermuts angeht, so lässt sich natürlich auch Quady nicht in die Karten schauen, verrät aber gerne, dass ausschließlich natürliche Zutaten in seine Gewürzweine wandern. Als Basis für den mahagonifarbenen VYA SWEET dienen die Rebsorten Tinta Roriz, auch bekannt als Tempranillo, und Orange Muscat sowie weitere trockene Weißweine, aromatisiert wird er mit 17 Botanicals. Heraus kommt dabei ein Wermut mit ausgewogener Süße-Säure-Balance und dezenten Bitternoten mit Aromen von Zitrusfrüchten, Ingwer und Muskat. Der VYA EXTRA DRY duftet wie eine Bergwiese an einem Sommertag. Als

Grundwein dient unter anderem Orange Muscat in Kombination mit über 15 Botanicals. Daraus wird ein frischer, aromatischer Wermut mit starken Kräuterakzenten, der im Cocktail ebenso schmeckt wie *on the rocks*. Als jüngstes Familienmitglied ist der VYA WHISPER DRY dem VYA EXTRA DRY geschmacklich eng verwandt, jedoch deutlich leichter und weniger bitter. Schmeckt pur und macht Spirituosen rund.

WERMUTLICH

WIEN · ÖSTERREICH

Die noch junge Marke Wermutlich ist ein Gemeinschaftsprojekt von Barchef Hubert Peter, Sommelier Thomas Juranitsch und Demeter-Winzer Michael Andert. Zusammengefunden haben sie in dem festen Glauben daran, dass dem Wermut eine rosige Zukunft bevorsteht – ihrer Überzeugung nach hat er gar das Zeug, Gin als Trendgetränk abzulösen. Die wachsende Beliebtheit des Wermuts führen sie darauf zurück, dass zunehmend ein Wunsch nach anspruchsvollen alkoholischen Getränken besteht, die leicht und bekömmlich sind – und dieses Anliegen zu erfüllen ist Wermut wie gemacht.

Eine wichtige Devise des Trios lautet „Selbermachen". Diesen Anspruch hat Hubert Peter auch schon vor seinen Wermutlich-Zeiten unter Beweis gestellt, als er im Wiener Lokal Kussmaul die Liköre für seine Cocktails – und auch seinen ersten Wermut – selbst ansetzte. Beraten wurde er dabei seinerzeit von Thomas Jura-

nitsch, der als Sommelier im selben Lokal angeheuert hatte. Außerdem stieß noch Michael Andert vom Demeter-Weingut Andert-Wein im burgenländischen Pamhagen zu den beiden. Zusammen haben sie einen Wermut entwickelt, der in allen bislang erhältlichen drei Sorten – rot, weiß, rosé – auf Zweigelt-Basis produziert wird. Diese eigenwillige Entscheidung ist Ausdruck ihres Bestrebens, die so ganz unterschiedlichen Nuancen dieser in Österreich am weitesten verbreiteten Rebe in den Fokus zu rücken. Für den WEISSEN werden die Trauben nur mit extrem kurzen Schalenkontakt gepresst, und beim ROSÉ wird die Gärung frühzeitig gestoppt, um eine höhere Restsüße zu erzielen. Gespritet wird mit Tresterbrand aus Zweigelt, für die gewünschte Süße sorgt die Beigabe von Imker-Honig. Was die Botanicals angeht, verlassen sich die Wermutlich-Macher ausschließlich auf heimatliche Qualität. Erwähnenswert ist in diesem Kontext vor allem, dass

sie nicht unbedingt für jeden Jahr-
gang identische Botanicals verarbei-
ten, sondern auf das zurückgreifen,
was die „Natur" gerade hergibt.

Der WERMUTLICH WEISS kommt wunderbar komplex daher. Im Duft ist er
blumig und aromatisch, dazu kommen intensive Würze und Wermut-
duft, am Gaumen ist er trocken und
voll, schnörkellos und ausbalanciert.
Ein Verwöhnwermut ist der fruchtig
süße ROSÉ, der pointierte Bitterkeit
mit angenehmer Süße kombiniert.
Charakteristisch für den ROTEN sind
die diversen Minznoten im Zusammenspiel mit Aromen von Bitterschokolade. Am Gaumen ist er recht
fruchtbetont. Ein eleganter Wermut
mit edlen Bitternoten.

YZAGUIRRE

EL MORELL · SPANIEN

Yzaguirre gehört zu den beliebtesten und ältesten Wermutmarken in Spanien. Wie keine andere verkörpert sie in Geschmack und Herstellung den typischen Stil der in der katalanischen Wermuthauptstadt Reus produzierten Aperitifweine. Sie ist bekannt für ihre hohe Qualität, mit der sie sich schon längst auch jenseits der spanischen Grenzen einen Namen gemacht hat. Gegründet wurde das Unternehmen 1884 von Enrique Yzaguirre, einem französischen Basken, der sich seinerzeit direkt in Reus niederließ. 1957 übernahm der Wermuthersteller Francisco Simó & Cia Yzaguirre, und 1983 erwarb dann die Familie Salla Solé die Marke und verlegte den Betrieb nach El Morell, ein Dorf vor den Toren von Reus.

Doch mögen sich Standort und Besitzverhältnisse seit Bestehen von Yzaguirre auch gewandelt haben, in Sachen Produktion hält man bis heute an traditionellen Methoden fest.

Der Herstellungsprozess ist für alle Yzaguirres identisch, während die Botanicals je nach Sorte variieren. Als Basiswein kommt für alle Wermutspezialitäten des Hauses der neutrale und in Sachen Säure, Körper und Alkohol ausgewogene Macabeo zum Einsatz. Die Extraktion der Botanicals erfolgt in einem kombinierten Verfahren: Nachdem die Pflanzen, Kräuter, Wurzeln und Blüten 14 Stunden in einer heißen Alkohol-Wasser-Lösung verbracht haben, wird alles – Feststoffe wie Flüssigkeit – umgefüllt, und die Mischung zieht weitere anderthalb Monate im Kalten. Nach dem Abziehen lagert die Flüssigkeit noch einmal sechs Monate im Eichenfass. Dann werden Basiswein, weißer Zucker, dessen Menge je nach Sorte variiert, der Extrakt aus den Botanicals und Alkohol auf Melassebasis sowie Karamell – für die roten Wermuts – gemischt. Die Reservas aus dem Sortiment reifen dann noch bis zu zwölf Monate im Eichenfass.

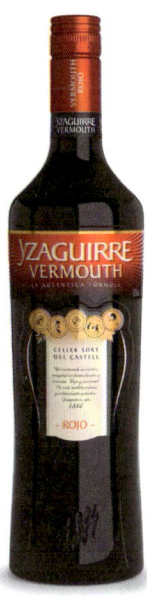 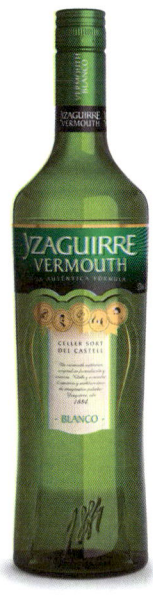  

Während der VERMOUTH YZAGUIRRE CLÁSICO ROJO zu den beliebtesten vom Fass verkauften Wermuts in Spanien zählt, ist der Star unter den Yzaguirre-Standards – zu denen auch noch der CLÁSICO BLANCO, der ROSADO sowie die RESERVAS BLANCO und DRY gehören – wohl der VERMOUTH YZAGUIRRE ROJO RESERVA, der zwölf Monate im Eichenfass verbringt und mit seinen ausgeprägten samtigen Aromen ein echter Gaumenschmeichler ist. Sein Bouquet zeichnet sich durch holzige und würzige Aromen aus. Im Geschmack ist er intensiv und ausgewogen mit angenehmer Säure. Der perfekte Drink für eine gepflegte „hora del vermut".

ZNAIDA

BERLIN · DEUTSCHLAND

Zumindest in Teilen ein Hauptstadt-produkt ist der ZNAIDA VERMOUTH, den die gebürtige Berlinerin Silvia Schneider in der Kapitale sowie im Brandenburger Umland entwickelt hat. Im Blick hatte sie dabei eine umfassende Modernisierung des in die Jahre gekommenen Klassikers. An den Start ging sie dann mit einem fruchtig-bitteren Wermut, den Schneider selbst so beschreibt: „Der neue Wermut verspricht drei Highlights: Er ist erst kurz und süß auf der Zungenspitze, dann spritzig-fruchtig und knackig-säuerlich im Gaumen und im Abgang sanft und lange erfrischend bitter." Ihre ersten Berührungen mit der wunderbaren Welt der Gewürze verdankt die Ost-Berlinerin übrigens den in West-Paketen von Verwandten bisweilen mitgesandten Gewürzseifen aus aller Welt. Sie standen am Anfang ihrer Begeisterung für ferne Länder, exotische Düfte, intensive Gewürze und verführerische Aromen, die sie sich gleich nach dem Mauerfall zu erkunden aufmachte.

Ganz offensichtlich hatte Schneider dabei das richtige Näschen: Die Berliner Barszene hat ihr weißer Wermut längst erobert. Dabei bezeichnet Schneider ihre Kreation schon als fertigen Cocktail, den man nach Laune erweitern kann. Gemixt wird der aus spritzigem Weißwein aus der Emilia-Romagna und dem Piemont sowie reichlich Aromen. Die insgesamt 36 Botanicals, die dem ZNAIDA VERMOUTH Profil geben, stammen von vier Kontinenten und haben ihre Heimat etwa in Kuba, Afrika, ganz traditionsgemäß in den französischen Alpen und schließlich in Asien. Sie sorgen für den fruchtig-floralen Duft mit mediterranen Aromen wie Wacholder und Pink Grapefruit sowie Anklängen von Orange, Pfeffer, Ingwer und Minze. Am Gaumen folgt der typisch bittersüße Wermutgeschmack mit harmonischer Säure. Hier darf man weiterhin Aromen von Pink Grapefruit, Süßorange und Minze erwarten, dazu wärmende Noten von Zimt, Sandelholz, Ingwer und Pfeffer.

178

Wermutcocktails

Wer mehr will als den puren Geschmack des Wermuts, kann auf der Suche nach neuen Geschmackserlebnissen aus einem schier unerschöpflichen Repertoire an Cocktailrezepten schöpfen, das neben den unsterblichen Klassikern reichlich zeitgenössische Kreationen und Kombinationen mit dem Wermutwein enthält.

Man mag sich durchaus darüber streiten, welcher Wermutstil sich nun am besten für welchen Cocktail eignet. Und es erfordert sicherlich einige Erfahrung, ein Gefühl für die gelungensten Kombinationen und die besten Mengenverhältnisse zu entwickeln. Doch das Experimentieren lohnt sich, denn wie kaum ein anderes Getränk lässt Wermut sich ausgezeichnet mit den verschiedensten Spirituosen kombinieren. Er nimmt den Cocktails an Stärke, setzt die Qualitäten der Partner wirkungsvoll in Szene und sorgt mit seinen subtilen bitteren und süßen Aromen für ein ausgewogenes, vielseitiges Geschmacksprofil.

Übrigens: Wermut wird trübe und schäumt leicht, wenn man ihn schüttelt. Das schadet dem Geschmack zwar nicht, sondern intensiviert vielmehr die Aromen, ist aber optisch nicht jedermanns Sache. Wer also Wert auf einen glasklaren Martini oder Manhattan legt, rührt seinen Drink. Alle anderen halten es mit James Bond.

VERMOUTH COCKTAIL

3 cl Vermouth Bianco, 3 cl Vermouth Dry, 2 Dash Orangebitter, 3 Eiswürfel,
1 Cocktailkirsche zum Garnieren

Vermouth, Orangebitter und Eiswürfel im Rührglas verrühren.
In eine Cocktailschale abseihen und mit der Cocktailkirsche garnieren.

AMERICANO

3 cl Campari, 2 cl Vermouth Rosso, 4 Eiswürfel, eiskaltes Mineralwasser,
½ Zitronenscheibe zum Dekorieren

Campari und Vermouth Rosso mit Eiswürfeln verrühren. In ein Longdrinkglas abseihen und mit eiskaltem Mineralwasser auffüllen. Mit der halben Zitronenscheibe dekorieren. – Der Americano ist ein Verwandter des Negroni,
der sich von diesem nur durch eine weitere Zutat, den Gin, unterscheidet.

ULYSSES

2 cl Brandy, 2 cl Vermouth Dry, 2 cl Cherry Brandy, Eiswürfel,
1 Orangengeste zum Dekorieren

Brandy, Vermouth Dry und Cherry Brandy mit einigen Eiswürfeln verrühren.
In eine Cocktailschale abseihen und mit der Orangenzeste servieren.

MANHATTAN

Der Manhattan gilt als einer der großen Klassiker der Cocktailkultur. Um seine Ursprünge ranken sich diverse Anekdoten und Legenden: Einer der beliebtesten Entstehungsgeschichten zufolge wurde er für ein Bankett am 29. Dezember 1874 im New Yorker Manhattan Club kreiert, zu dem Jennie Churchill, amerikanische Millionärstochter und Mutter des legendären britischen Premiers Winston Churchill, zu Ehren des demokratischen Präsidentschaftskandidaten Samuel J. Tilden eingeladen haben soll – tatsächlich hielt sich Jennie Churchill zur behaupteten Zeit allerdings in Frankreich auf.

Ursprünglich wurde der Cocktail zu gleichen Teilen aus Rye Whisky und rotem Wermut gemixt, dazu kamen noch zwei Spritzer Bitter. Prohibitionsbedingt trat kanadischer Whisky an die Stelle des Roggenwhiskys, und heute greifen viele Barkeeper zum Bourbon. Auch in Sachen Wermut sind Experimente möglich: Ersetzt man den roten durch trockenen weißen Vermouth, erhält man einen Dry Manhattan. Der Wermutanteil in einem Perfect besteht zu gleichen Teilen aus rotem und trockenem Wermut. Und auf der Nordseeinsel Föhr, deren „Nationalgetränk" kurioserweise der – wohl von Amerika-Rückkehrern heimisch gemachte – Manhattan ist, mischt man zu gleichen Teilen Whisky, roten und weißen Wermut.

Zutaten

- 6 cl Whiskey (Rhy, Bourbon oder Canadian)
- 3 cl Vermouth Rosso
- 2 Dash Angostura
- 1 Cocktailkirsche zum Garnieren

Zubereitung

Zutaten in ein Rührglas geben, Eiswürfel zugeben und kaltrühren. In ein gekühltes Martiniglas abseihen und mit Cocktailkirsche garnieren.

ROB ROY

5 cl Scotch Whisky, 2 cl Vermouth Bianco, 1 Dash Orangebitter,
Eiswürfel, 1 grüne Olive

Scotch Whisky mit Vermouth Bianco, Orangebitter und einigen Eiswürfeln im Rührglas gut verrühren. Grüne Olive in eine kleine Cocktailschale geben und den Cocktail darauf abseihen. – Der Rob Roy gehört zur Manhattan-Familie, wird aber mit Scotch Whisky zubereitet.

MARMON COCKTAIL

2 cl Vermouth Dry, 2 cl Cherry Brandy, 2 cl Kirschwasser, 3 Eiswürfel,
1 Cocktailkirsche zum Garnieren

Vermouth Dry, Cherry Brandy und Kirschwasser mit den Eiswürfeln
im Shaker schütteln. In eine große Cocktailschale umfüllen und mit
der Cocktailkirsche garnieren.

DIABOLO

2 cl Vermouth, 4 cl Portwein, 2 Barlöffel Zitronensaft, 3 Eiswürfel,
1 Zitronenzeste zum Dekorieren

Vermouth, Portwein und Zitronensaft in einem Shaker mit den Eiswürfeln
kräftig schütteln. In ein Cocktailglas abseihen und mit der Zitronenzeste
dekorieren.

BITTER CHOCOLATE

1 El dunkle Schokolade (70 % Kakaoanteil), 3 Eiswürfel, 3 cl Vermouth Rosso,
1 cl weißer Crème de Cacao, 1 cl Sambuca

Die Schokolade fein reiben. Eiswürfel in einen Shaker geben, Vermouth, Crème
de Cacao, Sambuca und ½ El Schokolade hinzufügen und alles kräftig schütteln.
In ein Cocktailglas abseihen und mit der restlichen Schokolade bestreuen.

MARTINI

James Bond trinkt ihn geschüttelt, nicht gerührt, und dazu noch
mit Wodka statt Gin. In Ian Flemings 1953 veröffentlichtem ersten
James-Bond-Roman *Casino Royale* ordert er außerdem noch Kina
Lillet statt Vermouth. Wie dem auch sei: Wer einen Dry Martini bestellt,
hat normalerweise nicht mehr als Gin und trockenen weißen Wermut im
Glas. Das Mischungsverhältnis zwischen den beiden Bestandteilen allerdings variiert mit Zeitgeist und Geschmack. Die International Bartenders
Association mixt für den Dry Martini 6 cl Gin mit 1 cl trockenem Wermut,
und der Lieblingsmartini des passionierten Trinkers Winston Churchill
war ein eiskalter Gin mit einer Verbeugung in Richtung Frankreich.
In früheren Zeiten hingegen waren Wermut und Gin auch schon mal
gleichberechtigte Partner. Und im Zuge der neuen Begeisterung für
Wermut kommt dem Gewürzwein auch als Cocktailpartner inzwischen
wieder eine gewichtigere Rolle zu.

Zutaten

- *5 cl Gin*
- *1 cl Vermouth Dry*
- *1 grüne Olive*

Zubereitung

Eiswürfel in ein Mixglas geben, Gin
und Vermouth Dry hinzufügen, um-
rühren und in ein Cocktailglas abseihen.
Eine grüne Olive mit Kern hinzugeben.

SHERRY COCKTAIL

6 cl Sherry, 1,5 cl Vermouth Dry, 2 Dash Orangebitter, 4 Eiswürfel

Sherry, Vermouth Dry und Orangebitter mit den Eiswürfeln in
einem Rührglas kräftig verrühren. In ein Longdrinkglas abseihen.

BERLIN

2 cl Pfirsichlikör, 2 cl Williamsgeist, 2 cl Martini Extra Dry, Eiswürfel, 1 Zwergbirne

Pfirsichlikör, Williamsgeist und Martini Extra Dry mit den Eiswürfeln
in einem Rührglas verrühren. Die Zwergbirne geschält in eine große
Cocktailschale geben und den Cocktail daraufgießen.

VAMPIRE

3 cl Vermouth Dry, 3 cl Gin, 1,5 cl Limettensaft

Vermouth Dry, Gin und Limettensaft mit einigen Eiswürfeln im Shaker schütteln. In eine Cocktailschale abseihen.

APEROL 86

2 cl Aperol, 2 cl Vermouth Dry, 2 cl Orangenlikör, Eiswürfel,
1 Erdbeere zum Garnieren

Aperol, Vermouth Dry und Orangenlikör mit einigen Eiswürfeln
in einem Rührglas vermischen. In eine Cocktailschale abseihen und
mit der Erdbeere garnieren.

NEGRONI

Ein echter Aperitif-Klassiker mit italienischen Wurzeln und einem Quäntchen amerikanischen Blut ist der Negroni, und er gehört zu den wenigen Cocktails, deren Geschichte sich relativ lückenlos zurückverfolgen lässt. Glaubt man Gary „Gaz" Regan, dem Autor des Werkes *The Negroni: Drinking to La Dolce Vita, with Recipes & Lore*, hat alles mit dem Milano-Torino angefangen, einem Cocktail, der erstmals 1860 im Caffè Campari angerührt wurde und zu Beginn des 20. Jahrhunderts zum Standardrepertoire jeder italienischen Bar gehörte. Dieser Urvater des Negroni besteht zu gleichen Teilen aus Campari – aus Milano – und Martini – aus Torino. Nach dem Ersten Weltkrieg eroberte dann ein Drink die Herzen der Cocktailtrinker, der die Verlockungen der Neuen Welt im Namen trug: der Americano. Und der wurde gemixt wie der beschriebene italienische Klassiker und mit etwas Soda aufgespritzt.

Und genau so einen Americano bestellte Graf Camillo Negroni in seiner angestammten Bar in Florenz, als er 1919 ermattet von einer Amerika-Reise zurückkehrte. Allerdings wünschte er sich eine etwas härtere Ausführung. Also ersetzte der Barkeeper Soda durch Gin und mischte alles zu gleichen Teilen – et voilà, der Negroni war geboren.

Zutaten
- *2 cl Gin*
- *2 cl Vermouth Rosso*
- *2 cl Campari*
- *Mineralwasser*
- *1 Orangenscheibe*

Zubereitung
Gin, Vermouth Rosso und Campari in ein Longdrinkglas auf Eis geben. Mit Mineralwasser auffüllen, alles verrühren und mit einer Orangenscheibe verzieren.

LEVIATHAN

1,5 cl Vermouth Bianco, 3 cl Brandy, 1,5 cl Orangensaft, 3 Eiswürfel

Vermouth Bianco mit Brandy, Orangensaft und Eiswürfeln im Shaker
kräftig mixen. In ein spitzes Cocktailglas mit Crustarand abseihen.

ORANGE BLOSSOM

2 cl Vermouth Bianco, 2 cl Dry Gin, 3 cl Orangensaft, Eiswürfel,
Orangenstückchen zum Garnieren

Vermouth Bianco und Dry Gin mit Orangensaft verrühren. Mit einigen kleinen
Eiswürfeln und Orangenstückchen in einem Longdrinkglas servieren.

DIPLOMAT

4,5 cl Vermouth Dry, 1,5 cl Vermouth Bianco, 3 Barlöffel Maraschino,
2 Dash Orangebitter, Eiswürfel, 1 Zitronentwist zum Garnieren

Vermouth Dry, Vermouth Bianco, Maraschino, Orangebitter und
einige Eiswürfel verrühren. In ein Cocktailglas abseihen und mit
Zitronentwist garnieren.

TRINIDAD

3 cl Vermouth Dry, 3 cl Trinidad-Rum, 1 Dash Angostura, 2 Eiswürfel

Vermouth Dry und Trinidad-Rum mit Angostura verrühren. Die Eiswürfel
in ein spitzes Cocktailglas geben und den Cocktail daraufgießen.

REGISTER

WERMUTWISSEN

WERMUTPORTRÄTS

WERMUTCOCKTAILS

Bildnachweis

akg-images GmbH, Berlin: S. 7, 17, 18, 21–24, 35, 36, 42

Andert-Wein: S. 50

Antica Distilleria Quaglia: S. 54

Food Fotografie Michael Brauner: S. 191

Bernd Brundert: S. 8

Democratic Wines: S. 10/11, 12/13

dpa Picture-Alliance GmbH, Frankfurt/Main: S. 27, 39, 64/65

Fotolia.com: S. 2/3 (© Francesco Italia), 4/5 (© Michelle), 14 (© PIXATERRA), 15 (© nikolaydonetsk), 33 (© JackF), 40 (© Brent Hofacker), 41 (© Brent Hofacker), 48 (© nnerto), 51 (© hcast), 52 l. (© clphotos), 52 r. (© michelgrangier), 53 (© marcoemilio), 55 (© Michelle), 56 l. (© HandmadePictures), 56 r. (© Juergen Wiesler), 57 (© Michelle), 58 l. (© Sea Wave), 58 r. (© id-art), 59 l. (© Michelle), 59 r. (© Elena Moiseeva), 60 (© beataaldridge), 61 l. (© Printemps), 61 r., 62 (© Michelle), 180/181 (© ivanmateev), 182 (© Oleksii Nykonchuk), 186/187 (© armano777), 192/193 (© Tandem), 198/199, 207 (© mayatnik)

Haromex Development GmbH: S. 30

mauritius images GmbH, Mittenwald: S. 26, 45

Nordesía Vermú: S. 46/47

Jose Poblete: S. 9

TLC Fotostudio: S. 183–185, 188–190, 194–197, 200–203

Wikimedia: S. 19

Verlagsarchiv: S. 31

Alle Produktabbildungen stammen – soweit nicht anders angegeben – von den jeweiligen Herstellern und Vertriebspartnern.